TEORIA DA IMPUTAÇÃO OBJETIVA
SUA APLICAÇÃO AOS DELITOS OMISSIVOS
NO DIREITO PENAL BRASILEIRO

visite nosso site
www.editorapillares.com.br

Dados Internacionais de Catalogação na Publicação (CIP)
(Câmara Brasileira do Livro, SP, Brasil)

Florence, Ruy Celso Barbosa
   Teoria da imputação objetiva : sua aplicação aos delitos omissivos no direito penal brasileiro / Ruy Celso Barbosa Florence. -- São Paulo : Editora Pillares, 2010.

   Bibliografia.
   ISBN 978-85-89919-68-5

   1. Delitos omissos 2. Direito penal - Brasil 3. Imputação (Direito penal) I. Título.

09-05605   CDU-343.222

Índices para catálogo sistemático:

1. Imputação objetiva : Delitos omissos : Direito penal   343.222

ISBN 978-85-89919-68-5

TEORIA DA IMPUTAÇÃO OBJETIVA
SUA APLICAÇÃO AOS DELITOS OMISSIVOS NO DIREITO PENAL BRASILEIRO

RUY CELSO BARBOSA FLORENCE

Juiz de Direito em Campo Grande-MS,
Especialista em Criminologia pela PUC/Campinas,

Mestre e Doutor em Direito pela PUC/São Paulo, Professor Adjunto de Direito Penal dos Cursos de Graduação e Pós-Graduação em Direito da Anhanguera/Uniderp, Campo Grande-MS, Professor Titular de Direito Penal da Escola Superior da Magistratura de Mato Grosso do Sul

São Paulo – 2010

© Copyright 2010 by Editora Pillares Ltda.

Conselho Editorial:
Armando dos Santos Mesquita Martins
Gaetano Dibenedetto
Ivo de Paula
José Maria Trepat Cases
Luiz Antonio Martins
Wilson do Prado

Revisão:
Maria Inez Lorena

Editoração e capa:
Triall Composição Editorial Ltda.

Editora Pillares Ltda.
Rua Santo Amaro, 586 – Bela Vista
Telefones: (11) 3101-5100 – 3105-6374 – CEP 01315-000
E-mail: editorapillares@ig.com.br *Site*: www.editorapillares.com.br
São Paulo – SP

TODOS OS DIREITOS RESERVADOS. Proibida a reprodução total ou parcial, por qualquer meio ou processo, especialmente por sistemas gráficos, microfílmicos, fotográficos, reprográficos, fonográficos, videográficos. Vedada a memorização e/ou a recuperação total ou parcial, bem como a inclusão de qualquer parte desta obra em qualquer sistema de processamento de dados. Essas proibições aplicam-se também às características gráficas da obra e à sua editoração. A violação dos direitos autorais é punível como crime (art. 184 e parágrafos, do Código Penal, cf. Lei nº 10.695/2003), com pena de prisão e multa, conjuntamente com busca e apreensão e indenizações diversas (Lei nº 9.610, de 19.02.1998).

Impresso no Brasil

Homenagem especial

À minha esposa, Sônia Bertoli Florence, a quem não basta um muitíssimo obrigado pelo incentivo diário, dedicação constante e amor eterno.

Dedicatória

A elas sempre, Rayane e Raíssa, filhas adoradas.

À minha mãe, Elvira, exemplo de mulher.

Agradecimentos

Aos membros do Tribunal de Justiça de Mato Grosso do Sul.

Aos amigos:

Dr. Daniel Castro Gomes da Costa, Presidente do Instituto Sul-Mato-Grossense de Direto Público.

Professor Hildebrando Campestrini, Presidente do Instituto Histórico e Geográfico de Mato Grosso do Sul.

Desembargador Romero Osme Dias Lopes, julgar moderno, defensor do garantismo penal.

Professor Antonio Luís Chaves Camargo, destaque entre os maiores penalistas brasileiros (com saudade).

Prefácio

O delito é conduta juridicamente valorada. No entanto, as diversas abordagens feitas nas teorias penais a respeito da ação e da omissão não elucidam, de forma satisfatória, a questão do comportamento humano sob a ótica do Direito Penal.

Nesse ponto, há a necessidade de uma investigação científica para determinar a viabilidade de uma melhor adequação ao sistema jurídico brasileiro da Imputação Objetiva, uma das mais importantes teorias penais estudadas na Europa.

A presente obra, "**Teoria da Imputação Objetiva – *sua aplicação aos delitos omissivos no direito penal brasileiro*"**, é um assunto não apenas atual, mas de necessário estudo e merece ser tratado em nível científico, como fez o ilustre Professor **RUY CELSO BARBOSA FLORENCE**. Com brilhantismo, apresentou Tese na Pontifícia Universidade Católica de São Paulo, obtendo o título de Doutor em Direito Penal, por seu trabalho e mérito. Honrado, integrei e presidi a banca examinadora.

O tema analisa a solução de casos de delitos omissivos, tendo por base a imputação objetiva, pesquisando a evolução dos conceitos de ação e omissão, com visitas a várias teorias penais que examinaram a causalidade.

Enfoca ainda a relação de causalidade e imputação objetiva, a omissão própria e a omissão imprópria, além da tipicidade nos crimes omissivos, em especial no tocante ao sistema adotado pelo Código Penal pátrio. A causalidade nos crimes omissivos também mereceu atenção no cuidadoso estudo, com a análise da criação ou incremento do risco; o risco nas omissões impróprias, além da omissão e o alcance do tipo.

O trabalho apresenta caráter científico, inovando no estudo da imputação objetiva, com posições relevantes e atuais que diferenciam sua pesquisa das demais.

Assim, demonstrando preocupação sistemática, vale-se de bibliografia idônea, trazendo subsídios da doutrina estrangeira e extrai conclusões que são oportunas e realistas.

Nesta obra, a característica do pesquisador é encontrada, expondo a vocação científica, resultando num trabalho profundo e de importância para a Ciência Penal.

Cumprimento a comunidade acadêmica que disporá de mais uma obra de base científica. Felicito o autor, o Juiz de Direito do Tribunal de Justiça do Estado de Mato Grosso do Sul, e Professor, Ruy Celso Barbosa Florence, que honra e dignifica as ciências jurídicas.

São Paulo, verão de 2010.

MARCO ANTONIO MARQUES DA SILVA
Professor Titular em Direito Processual Penal da PUC/SP
Professor Emérito da Faculdade de Direito da
Universidade de Lisboa
Desembargador do Tribunal de Justiça do
Estado de São Paulo

Apresentação

Esta obra comenta o comportamento humano sob a ótica do Direito penal, na dualidade ação e omissão, e transpõe tal comentário apresentando as teorias penais sobre o tema. Dentre essas teorias, destaca-se a da imputação objetiva, considerada o mais importante estudo da ciência jurídico-penal europeia desde o finalismo e o naturalismo jurídico-penal. O trabalho teve o objetivo de investigar a possibilidade de o sistema penal brasileiro assimilar a teoria da imputação objetiva, especialmente na solução de casos de delitos omissivos. Partiu-se da hipótese de que o tema foi ainda pouco estudado, sendo realizada uma vasta pesquisa bibliográfica, considerando a forte influência do Direito penal alemão desde as ideias de Georg Wilhelm Hegel, no século XIX. A pesquisa analisou a evolução dos conceitos de ação e omissão, abordando as diversas teorias do Direito penal que se propuseram a examinar o problema da causalidade, destacando a teoria da imputação objetiva, especialmente tomada a partir das propostas de Claus Roxin. Aborda-se, também, a questão da tipicidade nos crimes omissivos, principalmente quanto ao modelo adotado pelo Código Penal brasileiro, para que se possa verificar se, na forma como está estruturado, admite a recepção de uma nova dogmática jurídico-penal baseada no risco. Analisa o problema da causalidade nos crimes omissivos, e conclui-se pela utilidade desse recurso no exame de diversos casos concretos, para a constatação sobre a existência de um fato, e pela possibilidade de aplicação de muitos critérios da teoria da imputação objetiva na solução adequada de delitos omissivos, conforme estão tipificados no Código Penal brasileiro, dispensada qualquer alteração legislativa.

Sumário

INTRODUÇÃO 21

Capítulo 1
EVOLUÇÃO DO CONCEITO DE AÇÃO E OMISSÃO 25

1. A evolução do conceito de ação..................................25
   1.1 Considerações iniciais..25
   1.2 Conceito causal naturalista de ação 26
   1.3 Conceito causal – neokantiano de ação 28
   1.4 Conceito de ação na escola de Kiel 29
   1.5 Conceito final de ação 30
   1.6 Conceito negativo de ação 33
   1.7 Conceito social de ação 34
   1.8 Conceito de ação na atualidade............................36
      1.8.1 Considerações iniciais 36
      1.8.2 Conceito de ação de Claus Roxin 37
      1.8.3 Conceito de ação de Günther Jakobs.............38
      1.8.4 Conceito de ação como agir comunicativo 40
      1.8.5 Posição de Jesús-Maria Silva Sánchez sobre o conceito de ação..42

2. Evolução do conceito de omissão................................45
   2.1 Considerações iniciais..45
   2.2 Conceito naturalista de omissão 46
   2.3 Conceito neokantiano de omissão.........................49

2.4 Conceito final de omissão 50
2.5 Conceito negativo de omissão 51
2.6 Conceito social de omissão 52
2.7 Conceito de omissão na atualidade 53
    2.7.1 Considerações iniciais 53
    2.7.2 Conceito de omissão de Claus Roxin 53
    2.7.3 Conceito de omissão de Günther Jakobs 55
    2.7.4 Conceito de omissão como agir comunicativo 57

3. Apreciações críticas sobre os diversos conceitos de ação 57
   3.1 Considerações iniciais 57
   3.2 Críticas ao conceito causal naturalista de ação 59
   3.3 Críticas ao conceito causal-neokantiano de ação 59
   3.4 Críticas ao conceito de ação da escola de Kiel 60
   3.5 Críticas ao conceito final de ação 60
   3.6 Críticas ao conceito negativo de ação 63
   3.7 Críticas ao conceito social de ação 63
   3.8 Críticas ao conceito de ação de Claus Roxin 64
   3.9 Críticas ao conceito de ação de Günther Jakobs 64
   3.10 Críticas ao conceito de ação como agir comunicativo 65

4. Tomada de posição 66

5. Formas de omissão: própria e imprópria 68
   5.1 Considerações iniciais 68
   5.2 Critérios de diferenciação entre os delitos de omissão
       própria e os de omissão imprópria 71
    5.2.1 Critério normológico 71
    5.2.2 Critério tipológico 71
    5.2.3 Critério tradicional 72

6. A omissão no Direito penal comparado 73
   6.1 A omissão no Direito penal português 74
   6.2 A omissão no Direito penal alemão 78
   6.3 A omissão no Direito penal espanhol 84

7. A omissão no Direito penal brasileiro 87
   7.1 Código Criminal do Império 87
   7.2 Código Penal de 1890 88
   7.3 Código Penal de 1940 89

7.4 Código Penal vigente 90
7.5 Posição doutrinária 91

Capítulo 2
RELAÇÃO DE CAUSALIDADE E IMPUTAÇÃO OBJETIVA 93

1. Considerações iniciais 93
2. Teorias jurídicas da causalidade 95
   2.1 Teoria da equivalência das condições 95
      2.1.1 A teoria da equivalência das condições no Direito
            brasileiro 97
      2.1.2 Críticas à teoria da equivalência das condições 99
   2.2 Teoria da causalidade adequada 102
      2.2.1 Críticas à teoria da causalidade adequada 103
   2.3 Teoria da relevância jurídica 105
      2.3.1 Críticas à teoria da relevância jurídica 107

3. Outras teorias da causalidade 108
   3.1 Teoria da condição mais eficaz 108
   3.2 Teoria da causa eficiente 109
   3.3 Teoria da causa próxima 109
   3.4 Teoria da causa necessária 109
   3.5 Reconstrução de Max Mayer 110
   3.6 Teoria do equilíbrio de Karl Binding 110
   3.7 Teoria da adequação ao tipo 110
   3.8 Teoria da causalidade humana 111
   3.9 Teoria da ação humana 111

4. A teoria da imputação objetiva 112
   4.1 Considerações iniciais 112
   4.2 Antecedentes 113
      4.2.1 A teoria de Karl Larenz 114
      4.2.2 A teoria de Richard Honig 115
   4.3 A imputação objetiva na atualidade 117
      4.3.1 A teoria de Claus Roxin 118
         4.3.1.1 Diminuição do risco 119

4.3.1.2 Criação, ou não, de um risco juridicamente
relevante 121
4.3.1.3 Incremento ou falta de aumento do risco
permitido 123
4.3.1.4 Âmbito de proteção da norma 125
4.3.1.5 Criação do perigo e os cursos causais hipotéticos .. 126
4.3.1.6 O incremento do risco e as condutas alternativas
conforme o direito 126
4.3.1.7 Consentimento da vítima 127
4.3.1.8 Autocolocação em risco 129

5. Tomada de posição 131

Capítulo 3
A OMISSÃO PRÓPRIA E A OMISSÃO IMPRÓPRIA: SITUAÇÃO ATUAL
NA DOGMÁTICA JURÍDICA PENAL 135

1. Considerações iniciais 135

2. As correntes funcionalistas 136
2.1 Funcionalismo moderado 138
2.2 Funcionalismo radical 139

3. Conceito de omissão: tomada de posição 142
3.1 Revisita aos conceitos de omissão de Claus Roxin e
Günther Jakobs 142
3.2 Opção pelo conceito de omissão de Claus Roxin e a
possibilidade de agir 144

4. A tipicidade nos crimes omissivos 146
4.1 As formas de tipificação 146
4.1.1 O tipo de omissão própria 148
4.1.2 O tipo de omissão imprópria 149
4.1.3 Os garantidores na omissão 150

Capítulo 4
CRIMES OMISSIVOS E IMPUTAÇÃO OBJETIVA 153

1. Constatação sobre a existência de um fato 153
2. A causalidade nos delitos omissivos 154
   2.1 Omissão própria 154
   2.2 Omissão imprópria 156
3. Criação ou incremento do risco 158
   3.1 O risco nas omissões próprias 158
      3.1.1 Risco permitido 160
      3.1.2 Autocolocação em risco 165
   3.2 O risco nas omissões impróprias 166
      3.2.1 Risco permitido 166
      3.2.2. Autocolocação em risco 168
4. A omissão e o âmbito de proteção da norma 170
5. A omissão e o alcance do tipo 173
6. Últimas considerações 176

CONCLUSÕES 179

REFERÊNCIAS 183

INTRODUÇÃO

O Direito penal brasileiro explica o comportamento humano tal qual um sistema binário, dividido claramente entre ação e omissão e, ainda, submete-se ao dogma causal imperante na doutrina desde a concepção tripartida do delito, elaborada, fundamentalmente, por Franz von Liszt e Ernst Beling. No entanto, hoje, novas teorias estão sendo colocadas em prática em países da Europa, com melhores resultados.

Dentre essas teorias, destaca-se a da imputação objetiva, considerada o mais importante estudo da ciência penal europeia desde o finalismo e o naturalismo jurídico-penal.

A partir dessa constatação, este trabalho terá o objetivo central de investigar a possibilidade de o sistema penal brasileiro assimilar a teoria da imputação objetiva, especialmente na solução de casos de delitos omissivos, tema ainda pouco estudado e que caminha por trilhas obscuras.

Para ficar dentro da linha central da proposta, a tomada de posições fora de seu eixo principal, e estritamente necessária para manter a lógica do trabalho, deverá permanecer dentro dos limites mínimos que a intervenção exigir.

Em decorrência direta do próprio assunto tratado neste estudo, poderá ser percebida a forte influência do Direito alemão, já que foi na Alemanha do séc. XIX, por meio das ideias de Georg Wilhelm Hegel, que surgiram as primeiras luzes sobre a teoria da imputação objetiva. Posteriormente, essas luzes foram lá mesmo reacesas, inicialmente pelas penas de Karl Larenz e Richard

Honig, nas décadas inaugurais do séc. XX, e mais tarde por influência e orientação de Claus Roxin, Günter Jakobs e outros, conforme perdura até os dias atuais, princípio do séc. XXI.

Dirigido a estudar a imputação objetiva e sua aplicação aos delitos omissivos, o capítulo I do trabalho estará voltado ao exame da evolução dos conceitos de ação e omissão, considerando o tratamento dado ao assunto pelas principais escolas penais ao longo da história do Direito moderno, procedendo, ao final do mesmo capítulo, a apreciações críticas de cada conceito levantado.

Depois dessa visão a respeito do comportamento humano de interesse penal, cuidar-se-á, no capítulo II, de conhecer como esse comportamento é visto pelas diversas teorias do Direito penal que se propuseram a examinar o problema da causalidade – considerada a partir de como as coisas normalmente ocorrem no mundo circundante – até a criação de teses sobre a existência de uma causalidade jurídica.

Ainda no mesmo capítulo, mantendo-se o compromisso inicial com o objeto do estudo, destacar-se-á a teoria da imputação objetiva, especialmente tomada a partir das propostas de Roxin, que a tem não de substituta das teorias causais, mas de instrumento posterior à constatação causal, indispensável à conclusão, correta, sobre a responsabilidade penal de um sujeito por um determinado fato.

Como a teoria da imputação objetiva definida por Claus Roxin lastreia-se em um sistema penal funcionalista moderado, que prega a criação de uma estrutura aberta que possa resolver os problemas postos pela atual sociedade de risco, examinar-se-ão no início do capítulo III, os fundamentos das correntes funcionalistas, moderada e radical, possibilitando diferenciar os seus contornos. Com isso, ter-se-á estimulada a conclusão, antecipada, de ser a doutrina do funcionalismo moderado a que melhor se adapta ao sistema penal brasileiro, que tem como alicerce o Estado Social e Democrático de Direito.

Dentro também do capítulo III, depois de revisita a alguns conceitos de omissão, com tomada de posição, abordar-se-á a questão da tipicidade nos crimes omissivos, principalmente quanto ao modelo adotado pelo Código Penal brasileiro, para que se possa verificar se, na forma como está estruturado, admite a recepção de uma nova dogmática jurídico-penal baseada no risco.

Adiante, já a partir dos estudos e das reflexões promovidas ao longo do trabalho, e encerrando a proposta primitiva, analisar-se-á, no capítulo IV, o problema da causalidade nos crimes omissivos, concluindo-se pela utilidade desse recurso no exame dos casos concretos para a constatação sobre a existência de um fato.

Entretanto, concluir-se-á não ter nenhum sentido a busca de uma relação causal nas omissões próprias, já que esses comportamentos só têm relevância jurídico-penal a partir de uma exigência da lei, independentemente de qualquer resultado naturalístico para justificar a imposição da sanção. Caracterizam, assim, uma simples relação imputativa concretamente verificável, dispensando outros raciocínios para a comprovação sobre a sua ocorrência.

Já em relação às omissões impróprias, delitos de resultado, e por isso sujeitos à verificação da relação causal entre a conduta e o evento, apresentar-se-á a teoria da diminuição do risco como alternativa da aplicação da teoria causal hipotética a eles, ainda amplamente acolhida na jurisprudência e doutrina brasileira, divulgadora da fórmula da virtualidade causal da ação que deveria ter sido praticada para evitar o resultado.

Porque a ideia da diminuição do risco fundamenta-se na verificação do potencial da ação omitida ter diminuído o risco de produção do resultado, sua utilização, além de mais lógica e prática do que o emprego da fórmula da causalidade hipotética, atende perfeitamente aos critérios sugeridos pela teoria da imputação objetiva, tema central deste trabalho.

Em seguida, e no mesmo capítulo, demonstrar-se-á a possibilidade de aplicação aos delitos omissivos, tratados pelo Código Penal brasileiro, de critérios objetivos limitadores de incriminação estabelecidos pela teoria da imputação objetiva estruturada por Claus Roxin.

Inicialmente se evidenciará que não deverá ocorrer a imputação de uma omissão quando essa conduta tiver se mantido nos limites do risco permitido ou não tiver incrementado um risco preexistente ao bem jurídico.

Posteriormente se abordará a autocolocação da vítima em risco como critério de exclusão de imputação de um fato omissivo a alguém ou de evitar uma sobrecarga na valoração da culpabilidade do seu autor.

Ainda, partindo de um princípio traçado pela teoria da imputação objetiva, de que toda norma tem um fim de proteção, que é limitador do risco permitido, concluir-se-á sobre a exclusão da incriminação da omissão quando ela não se encontrar no âmbito de tal proteção.

Dentro da mesma perspectiva, tomado o critério do alcance do tipo, aceito pela teoria da imputação objetiva como última instância em busca da superação da imputação penal, demonstrar-se-á que a norma típica não alcança, de antemão, determinadas condutas omissivas e suas consequências quando levado em consideração o aspecto formal da conduta proibida descrita no tipo, que deve compreender eventos da natureza do ocorrido.

Finalmente, a partir de todas as ideias expostas, apresentar-se-ão as principais conclusões da pesquisa, extraídas de uma teoria ainda em construção, portanto não definitivas, mas com que se espera contribuir para o debate sobre o tema.

Capítulo 1

EVOLUÇÃO DO CONCEITO DE AÇÃO E OMISSÃO

1. A evolução do conceito de ação

1.1 Considerações iniciais

Na história do Direito penal, a *ação* humana aparece como um tema de amplo debate, na análise do fato jurídico-penal, diante da influência que exerce nos outros elementos, tais quais a tipicidade, antijuridicidade e culpabilidade para a caracterização do fato como um delito.

Ao lado da palavra *ação*, há os que preferem outros significados para identificá-la, como por exemplo: *conduta, comportamento, fato, fato punível* e *acontecimento*.

No entanto, no campo da conceituação jurídica, divergem as opiniões doutrinárias, desde que Franz von Liszt e Ernest von Beling, por influência do positivismo naturalista, desenvolveram suas teorias a respeito do delito, abandonando, por não adaptação ao desenvolvimento dogmático, o então vigente conceito hegeliano de ação, que tinha como inseparáveis o ilícito e a culpabilidade, constituindo ambos um todo. Esse conceito predominou até a década de oitenta do século XIX.

O maior impacto sofrido pelas teses de Franz von Liszt e Ernest von Beling com relação ao conceito de ação ocorreu a partir da publicação dos trabalhos de Hans Welzel em meados do século passado[1].

Embora mais impactante, tanto em razão de sua ampla divulgação, como pela autoridade de seus primeiros e principais adeptos, a teoria de Hans Welzel sobre o conceito de *ação* não só não foi a única a questionar o sistema causal Liszt-Beling como sofre muitos questionamentos nos dias atuais.

Dos três grandes sistemas que se construíram em torno do tema, resistem vivas, ainda hoje, ideias procedentes de cada um deles.

1.2 Conceito causal naturalista de ação

O conceito "clássico" de *ação*, de perspectiva naturalista-positivista, própria da "escola moderna" que influenciou o jurídico do século XIX, era descrito como um movimento corporal determinante de uma modificação do mundo exterior, com ligação causal à vontade do autor.

Essa concepção, definida por Hans-Heinrich Jescheck[2] como estruturalmente simples, clara e didaticamente vantajosa, tinha, portanto, em sua base, a *ação*, em sentido estrito (movimento corporal), e o *resultado* (modificação no mundo exterior) unidos pelo vínculo da causalidade.

A *ação*, independentemente de qualquer análise valorativa ética ou consideração sobre suas implicações sociais, era considerada típica desde que encontrasse correspondência lógica em uma descrição legal de um crime.

O tipo, por sua vez, também se esgotava na descrição do fato, sendo valorativamente neutro diante do caráter formal que lhe era atribuído, desde Ernest von Beling.

---

1 Manuel Jaén Vallejo. *El concepto de acción en la dogmática penal*. Madri: Colex, 1994, p. 11, inclui Gustav Radbruch e Edmund Mezger, ao lado de Fran von Liszt e Ernest Beling, entre os criadores do conceito natural de ação do sistema clássico.

2 Hans-Heinrick Jescheck. *Tratado de derecho penal* [parte geral]. Trad. José Luiz Samaniago. Granada: Comares, 1993, p. 278.

Tratava-se, assim, de uma tentativa de utilização fiel dos métodos próprios das ciências da natureza, em uma relação lógico-formal, na qual o trabalho mental para a tipificação consistia apenas em selecionar, por meio do processo indutivo, o dispositivo legal a ser aplicado à situação fática provocada por meio da *ação*.

Ainda sob a ótica objetiva, completando o processo causal externo, a ação típica era considerada ilícita caso não encontrasse no próprio sistema uma causa de justificação, cujo reconhecimento importasse na exclusão daquela aparente ilicitude.

Constatada a inexistência de qualquer excludente, estava completa a vertente objetiva do fato.

A concepção subjetiva da ação, relativa à vontade interna, não se confundia com o livre arbítrio, não importando, ainda, seu conteúdo, levado nessa teoria à categoria da culpabilidade. Acrescente-se que, nesse aspecto, o dolo e a culpa eram elementos da culpabilidade, dedutíveis por meio do nexo entre a ação e o resultado.

Assim, a ação típica e ilícita era considerada culpável quando fosse possível comprovar a ocorrência, entre o agente e o fato objetivo, de uma ligação psicológica, de dolo ou de culpa, finalizando nessa etapa todo o conceito causal da ação criminosa.

Essa visão clássica do delito foi produto da influência na ciência jurídica, da filosofia positivista-naturalista preponderante à época, baseada nas ideias de Augusto Comte, com o sociologismo, no evolucionismo de Charles Darwin e Herbert Spencer, e no naturalismo de Jakob Maleschott, Ludwig Büchner e Ernest Haeckel, determinantes do predomínio desses fundamentos filosóficos na dogmática penal, que acabou por abandonar o estudo do dever-ser idealista para se voltar ao estudo do ser[3]. O apogeu dessas ideias deu-se no final do século XIX e início do século XX, com reflexos até a 2ª Guerra Mundial.

---

3 Antonio Luís Chaves Camargo. *Sistema de penas, dogmática jurídico-penal e política criminal*. São Paulo: Cultural Paulista, 2002, p. 146.

Uma década antes de eclodir a 2ª Grande Guerra, o conceito clássico de ação já havia recebido uma versão valorativa de cunho neokantiano[4].

1.3 Conceito causal – neokantiano de ação

Com a inclusão da ideia de valor na teoria do delito, com inspiração na filosofia neokantiana, abandonou-se o método científico-naturalístico de observar e descrever os fatos e, com outras ciências, então denominadas "ciências do espírito", passou-se à defesa da ciência do Direito, que nelas se incluía.

Essas "ciências do espírito" não mais se satisfaziam com a utilização de metodologias próprias das ciências da natureza, pois exigiam, além da simples observação e descrição, a valoração do sentido dos fatos e a sua compreensão.

A decorrente consequência para o conceito de ação foi de ele não mais poder descrevê-la e aceitá-la tal qual um fato naturalístico alheio ao valor. Ao contrário, a ação deveria submeter-se aos juízos de valoração, representados pelas categorias da antijuricidade e culpabilidade[5].

Somente com essa visão causal neokantiana é que, conforme expressão utilizada por Edmund Mezger[6], a ação é representada como *comportamento humano*, evoluindo em relação ao conceito de Ernest von Beling, de ser apenas um comportamento corporal voluntário.

Entretanto, mesmo com essa evolução, o conceito neokantiano de ação sofreu objeções, tanto por esvaziar o entendimento sobre a conduta delituosa, possibilitando iniciar-se a estrutura do delito a partir da tipicidade, como por não dar tratamento ao erro vencível de proibição nem conteúdo claro para a imprudência[7].

---

4   Santiago Mir Puig. *Derecho penal* [parte general]. Buenos Aires: IB de f, 2004, p. 183.
5   *Ibid.*, p. 184.
6   *Apud* Manuel Jaén Vallejo. *El concepto...*, op. cit., p. 31.
7   Antonio Luís Chaves Camargo. *Sistema...*, op. cit., p. 148.

Por outro lado, é nesse contexto metodológico, de superação do naturalismo por um método com referência a valores, em que o tipo deixa de ser só causalidade, que se têm os primeiros acenos, a que se reconhecem hoje precursores da moderna teoria da imputação objetiva[8].

1.4 Conceito de ação na escola de Kiel

Por ocasião do domínio da Alemanha pelo movimento nacional-socialista, atingiu o seu ápice naquele país um movimento totalmente oposto ao conceito neokantiano de delito, conhecido por Escola de Kiel, cujos principais representantes foram Dahm e Shaffstein, defensores do que se conhece como Direito penal da vontade[9].

Esse movimento realçou o aspecto ético-pessoal do ato ilícito, que deveria ser visto como expressão de um sentimento jurídico depravado ou do caráter de seu autor, fazendo supor a adoção de um Direito penal do autor diante do Direito penal do fato[10]. O delito não devia, pois, conceber-se lesão de um bem jurídico protegido, que considerava "um produto característico da ideologia do liberalismo clássico"[11], que negava.

Na verdade, essa escola representou a tentativa de teorização de um Direito penal nacional-socialista de regime totalitário, com intenção de dar caráter científico ao direito positivo da ideologia política a que servia.

Para a visão nazista, o indivíduo amorfo, burguês e conservador, deveria ser superado pela compreensão orgânica da reali-

---

8   Claus Roxin. *Funcionalismo e imputação objetiva no direito penal*. Trad. Luís Greco. Rio de Janeiro: Renovar, 2002, p. 14.
9   Santiago Mir Puig. *Introducción a las bases del derecho penal*. Buenos Aires: IB de f, 2003, p. 235.
10 Manuel Jaén Vallejo. *El concepto...*, op. cit., p. 34.
11 *Ibid.*, p. 34.

dade[12]. O povo se forma como raça, e a nação alemã o povo da raça germânica.

A vida da comunidade não é limitada pelas leis, pois o direito está além das leis positivas, como expressão da comunidade. Desse modo, a um caso concreto pode ser aplicada uma solução não legislada, mas jurídica, derivada do ordenamento normativo[13].

O programa era ambicioso, porém fincou suas raízes no irracionalismo, negando a racionalidade do Direito, procurando dotar de qualidades inexistentes, as inconsistentes ideias penais do Estado totalitário de Hitler que, dentre outras coisas, derrogou o princípio da legalidade, admitindo a analogia contra o réu.

Os resultados dessa orientação, especialmente a exploração que dela foi feita pela legislação penal nacional-socialista alemã e fascista italiana durante a 2ª Grande Guerra, incumbiram-se, melhor do que qualquer teoria, de mostrar sua inadmissibilidade, pondo-lhe um fim definitivo[14].

Após o curto período em que teve aplicação, tal corrente perdeu totalmente a credibilidade científica, servindo hoje de alerta à adoção de sistemas positivos que possam ser levados ao mesmo caminho.

1.5 Conceito final de ação

O finalismo de Hans Welzel aparece pela primeira vez em 1930, quando o neokantismo dominava a metodologia jurídico-penal.

Surge de resposta àquele movimento preponderante, mas seus resultados só repercutem nas dogmáticas penais a partir de

---

12 Carlo Lavagna. *La dottrina nazionalsocialista del diritto e dello stato*. Apud Miguel Reale Júnior. *Teoria do Delito*. São Paulo: Revista dos Tribunais, 2000, p. 24.
13 Miguel Reale Júnior. *Teoria...*, op. cit., p. 24.
14 Jorge de Figueiredo Dias. *Temas básicos da doutrina penal*. Coimbra: Coimbra, 2001, p. 190.

1939[15], e principalmente após a 2ª Grande Guerra, quando se entendeu que o normativismo das orientações jurídicas de raiz neokantiana não oferecia garantia bastante de *justiça* dos conteúdos das normas, mesmo quando validamente editadas sob a obediência às formalidades democraticamente impostas[16].

Afastando o ponto de vista naturalista, Hans Welzel sustenta que toda vida em sociedade estrutura-se sobre a atividade finalista de seus membros, podendo o homem propor-se a objetivos futuros, elegendo para isso os meios necessários para sua obtenção e colocá-los em prática.

Para o finalismo, esse pressuposto da vida social é, igualmente, o primeiro critério do atuar humano em geral.

Já que são ações finalistas que estruturam a vida da comunidade, assim também são intencionais e dirigidas a um fim as que a lesionam[17].

Com base nessa construção, a ação para o finalismo reside na verificação de que o homem conduz finalisticamente os processos causais naturais em direção a fins racionalmente antecipados, procedendo à seleção dos meios convenientes para atingir o efeito almejado[18].

Assim, por essa visão, a ação, centro da análise do crime, exige o conhecimento prévio do seu desvalor, dirigido a um fim típico, que é o desvalor do resultado.

Portanto, no pensamento finalista, o dolo é a finalidade que encontra referência em um tipo delitivo. Já a finalidade é sinônima de vontade de realização[19].

---

15 Santiago Mir Puig. *Derecho...*, op. cit., p. 225.
16 Jorge de Figueiredo Dias. *Temas...*, op. cit., p. 200.
17 Hans Welzel. *Direito penal*. Trad. Afonso Celso Rezende. Campinas: Romana, 2003, p. 76.
18 Jorge de Figueiredo Dias. *Temas...*, op. cit., p. 200.
19 José Cerezo Mir. Ontologismo e normativismo na teoria finalista. In: *Ciências penais*. São Paulo: Revista dos Tribunais. Vol. 0, 2004, p. 12.

Hans Welzel[20] exemplifica com a hipótese de uma enfermeira que, sem pensar em nada, injeta uma dose de morfina demasiado forte, de efeito letal, e realiza assim uma injeção finalista, mas não uma ação finalista de homicídio. A consequência posterior (a morte) foi originada de modo cegamente causal pela ação da enfermeira, mas sem decorrer de uma vontade dela.

Para o finalismo, quem quer assassinar a outro elege conscientemente os fatores causais e os dispõe de modo a alcançar o fim predeterminado. Nessa situação, a disposição das causas está dirigida até o sucesso do objetivo, ou seja, desde a aquisição de uma arma, a busca do momento propício, o apertar o gatilho[21].

Construído sobre uma base permanente, o sistema de teoria do delito de Hans Welzel tem de matéria principal de estudo dentro do Direito penal o que foi por ele denominado de *estruturas lógico-objetivas*[22].

Foram enumeradas, nessa teoria, muitas dessas estruturas. A principal delas é exatamente o conceito ontológico de ação humana, consistente no exercício de uma atividade finalista. A ação não é uma mera soma de elementos objetivos e subjetivos, mas sim uma direção do curso causal regido pela vontade humana.

Afirmou-se, também, a estrutura lógico-objetiva da culpabilidade, cujo conceito deve pressupor que o autor tivesse podido atuar de acordo com a norma. Se não sabia, nem tinha como saber que sua conduta era antijurídica, não atuava culposamente.

Essas estruturas lógico-objetivas refletem a intenção de Hans Welzel de, ao superar o neokantismo então vigente, e o irracionalismo nazista, retomar o direito natural como base da ação final. Assim, o legislador ou o agente de um fato não poderiam desconhecer os aspectos naturais que envolvem a ação humana, pois ignorá-los seria negar a própria natureza. A partir dessa po-

---

20 Hans Welzel. *Direito...*, op. cit., p. 81-82.
21 *Ibid.*, op. cit., p. 80.
22 Luiz Regis Prado e Érika Mendes de Carvalho. *Teorias da imputação objetiva do resultado:* uma aproximação crítica a seus fundamentos. São Paulo: Revista dos Tribunais, 2002, p. 48.

sição, aparecem, posteriormente, os debates sobre a natureza das coisas, de grande influência na teoria do delito.

Tais estruturas, de realidade ontológica, já que pertencentes ao mundo do *ser* (o ser humano como *ser* capaz de exercício de uma atividade final), por não poderem, segundo o finalismo, ser ignoradas por qualquer regulação ou valoração jurídica, dão lugar a um lineamento conceitual vinculante, tanto ao legislador quanto ao cientista do Direito penal.

Essa perspectiva ontológica do finalismo, a cujo tema se retornará neste trabalho[23], quando da apreciação crítica sobre o conceito final de ação, suscita dúvidas e provoca críticas entre os doutrinadores.

No entanto, credita-se às severas críticas feitas à teoria finalista, em alguns aspectos, a possibilidade de desenvolvimento da teoria do delito, mesmo mantendo a base da estrutura final da ação[24].

1.6 Conceito negativo de ação

Na tentativa de dar um novo fundamento à teoria do delito, vários autores contemporâneos têm buscado desenvolver um "conceito negativo de ação".

Essas teorias possuem em comum o "princípio da evitabilidade", que para Hans Jürgen Kahrs[25], reconhecido como autor da sua primeira formulação válida: "ao autor se imputa um resultado se não o evitou, ainda que pudesse fazê-lo, estando a isso obrigado pelo Direito".

No entanto, enquanto para Hans Jürgen Kahrs a evitabilidade constitui tão somente um princípio de imputação próprio do tipo, Rolf Dietrich Herzberg inaugura a utilização do princípio como base do conceito de ação que denomina "negativo", abrangente das ações comissivas e omissivas.

---

23 Cf. item 3.5 deste Capítulo.
24 Antonio Luís Chaves Camargo. *Imputação objetiva e direito penal brasileiro*. São Paulo: Cultural Paulista, 2002, p. 90.
25 *Apud* Claus Roxin. *Derecho...*, op. cit., p. 247.

Para a teoria de Rolf Dietrich Herzberg, "a ação do Direito penal é o não-evitar o evitável em posição de garante", ou seja, na ação comissiva, o evento seria evitado com o deixar de agir, e na omissiva, o resultado seria evitado com a interferência do autor no curso causal pré-existente, agindo[26].

A concepção de Rolf Dietrich Herzberg sobre a "posição de garante" difere da quase totalidade dos autores, por estendê-la aos delitos comissivos. Fundamenta sua posição com o argumento de que "no movimento corporal delitivo a pessoa se atualiza como foco potencial de perigo", tornando-se, desse modo, responsável pela evitação do resultado[27].

Com a perspectiva de apoiar e corrigir o conceito negativo de ação de Rolf Dietrich Herzberg, Behrart[28] criou um modelo de ação vinculado a realidades psíquicas, em que a omissão, e de igual forma a ação que se apresenta como omissão, é a "não evitação evitável de situação típica".

Se aceitas as críticas feitas por Claus Roxin a essas teorias[29], e que são muitas, resta de útil o aparecimento da ideia da "evitabilidade".

1.7 Conceito social de ação

A denominada luta das escolas penais, que perdurou durante todo o século XX, determinou a busca da superação da polêmica entre a teoria causal e a teoria finalista, sendo proposta a teoria social da ação.

Deve ser anotado, entretanto, que, no Brasil, diante da preponderância do tecnicismo jurídico, tido como único método possível para a dogmática jurídico penal, não ocorreu o embate dessas ideias, causalistas e finalistas, o que determinou uma defasagem, até no desenvolvimento do Direito penal brasileiro.

---

26 Claus Roxin. *Derecho...*, op. cit., p. 247.
27 *Apud* Claus Roxin. *Derecho...*, op. cit., p. 247-248.
28 *Ibid.*, p. 248.
29 *Ibid.*, p. 248.

Conforme sua própria denominação indica, busca essa doutrina chamar a atenção sobre relevância social do comportamento humano.

Eberhart Schmidt, que já em 1932 apresentava correções à concepção naturalista de Franz von Liszt, é indicado como sendo o fundador dessa teoria[30] que, segundo Juarez Tavares, ao menos em seu sentido puro, não possui representantes no Brasil[31].

Eberhart conceitua a ação como sendo um comportamento proveniente da vontade em relação ao mundo social exterior, tratando-se, assim, de um conceito valorativo, em que o sentido social da ação deve determinar-se de modo objetivo, de acordo com as concepções, as experiências e costumes da própria vida social[32].

Essa visão social-objetiva de ação também foi sustentada por Engish e Maihofer, que, procurando progredir no mesmo raciocínio, acabaram por defender doutrina coincidente com a chamada teoria da causalidade adequada[33], criticada por Hans Welzel[34], por não trazer resposta aos acontecimentos causais extraordinários, ou seja, aqueles resultados com os quais um observador razoável não poderia contar no momento da ação.

Hans-Heinrich Jescheck[35] apresentou outra versão à teoria, definindo a ação como sendo todo comportamento humano socialmente relevante, esclarecendo dever o comportamento ser en-

---

30 Giorgio Marinucci. *El delito como acción:* crítica de um dogma. Trad. José Eduardo Sáinz-Cantero Caparroz. Madri: Marcial Pons, 1998, p. 63.
31 Neste sentido, Juarez Tavares e Luiz Regis Prado. Trad. Francisco Muñoz Conde. *Teoria geral do delito*. Porto Alegre: Sérgio Antônio Fabris Editor, 1988, nota de rodapé n. 15, p. 14: "A teoria social da ação, em seu sentido puro, não possui representantes no Brasil. Há, porém, partidários de uma variante, que é a teoria normativista ou jurídico-penal de ação, como Everardo Luna e Francisco Assis Toledo. Em posição intermediária, Miguel Reale Júnior. Com posição mais próxima da teoria social da ação, Juarez Tavares, embora com correções de ordem finalista".
32 Manuel Jaén Vallejo. *El concepto...*, op. cit., p. 57.
33 *Ibid.*, op. cit., p. 57.
34 *Direito...*, op. cit., p. 92.
35 *Tratado de ...*, op. cit., p. 200.

tendido como toda resposta de uma pessoa física a uma exigência reconhecida ou reconhecível de uma situação, mediante a realização de uma possibilidade de reação de que dispõe graças à sua liberdade. Assim, o comportamento pode consistir tanto no exercício de uma atividade final quanto na causação de consequências, sempre que o acontecer seja conduzido com emprego da finalidade[36].

O conceito social abrange todas as formas de comportamento, determinando-se por meio dos elementos gerais do delito, tipicidade, antijuridicidade e culpabilidade, os que são relevantes para o Direito penal[37].

Hans-Heinrich Jescheck[38] exclui do conceito de ação, em razão da irrelevância jurídico-penal, os atos reflexos puramente somáticos, os movimentos em estado de inconsciência, a inatividade por incapacidade de ação e os efeitos produzidos por força irresistível *(vis absoluta)*.

Por se tratar de um conceito muito próximo ao conceito causal neokantiano, as críticas que lhe são feitas também são semelhantes, até por desenvolver uma ideia de ação extremamente ampla, já que no termo "relevância social" é possível incluir até mesmo os movimentos reflexos do corpo.

Como mérito da teoria social, reconhece Claus Roxin[39] ser ela, também, uma precursora da atual teoria da imputação objetiva, por ter-se ocupado dos mesmos problemas e trabalhado com construções teóricas bastante próximas.

1.8 Conceito de ação na atualidade

1.8.1 Considerações iniciais

Na atualidade, surgem sérias dúvidas sobre a efetiva utilidade prática e dogmática de uma teoria da ação.

---

36 Manuel Jaén Vallejo. *El concepto* ..., op. cit., p. 58.
37 Antônio Luís Chaves Camargo. *Imputação*..., op. cit., p. 91.
38 *Tratado de*..., op. cit., p. 297-299.
39 Claus Roxin. *Funcionalismo* ..., op. cit., p. 37.

Os obstáculos que encontra a construção de um conceito unitário de ação são tão numerosos quanto numerosas e variadas são as exigências que tal conceito deve satisfazer para justificar sua função perante a teoria do delito[40].

As contundentes críticas que se formulam contra todos os conceitos de ação desenvolvidos até o momento têm dado lugar à conclusão de que se deve abandonar a ideia de um conceito pré-típico, de caráter geral, para erigir a tipicidade em conceito fundamental do Direito penal[41].

A tentação de libertar-se completamente da polêmica sobre a definição de ação encontra resistência entre os que sustentam ser insubstituível o valor estrutural contido no conceito, a cuja construção não se pode renunciar, sob pena de se abdicar totalmente de uma visão sistemática do delito, com os benefícios da ordem, claridade, certeza do Direito e uniformidade das decisões, para obter em troca o arbítrio do decisionismo casuístico, e inevitável depreciação do trabalho científico.

No entanto, os que defendem a tese do abandono da procura de um conceito pré-típico de ação não patrocinam, de forma inconsistente, a destruição da visão ordenada e sistemática do delito, nem depreciam o progresso do trabalho científico. Limitam-se a propor a substituição do conceito de ação como pedra angular da teoria do delito, liberando-se de todo conceito *a priori* a respeito da conduta delitiva.

1.8.2 Conceito de ação de Claus Roxin

Claus Roxin[42] esboçou um novo conceito geral de ação, descrito como manifestação da personalidade, abarcando nele tudo o que é possível ser imputado a um homem como centro de ação anímico-espiritual. Esse conceito, segundo seu autor, cumpre in-

---

40 Giorgio Marinucci. *El delito...*, op. cit., p. 14.
41 Claus Roxin. *Derecho...*, op. cit., p. 251.
42 *Ibid.*, p. 255.

tegralmente as funções de classificação, de ligação e de delimitação que dele se esperam[43].

Devem ser abrangidos pelo conceito todos os tipos de ações: dolosas, culposas, incluídas as omissivas, conscientes ou inconscientes.

Excluem-se do conceito os atos que procedem dos animais e das pessoas jurídicas, por ausência de possibilidade de manifestações da personalidade como fenômeno psíquico-espiritual, própria dos seres humanos, assim como estão excluídos a *vis absoluta*, os meros pensamentos, atitudes internas e disposições de ânimo não exteriorizadas, e todas as hipóteses em que o corpo humano funciona apenas como massa mecânica (delírio, desmaio, dentre outros casos)[44].

Claus Roxin[45] afirma que os casos de movimentos reflexos e automáticos, os produzidos por impulsos afetivos de alta intensidade e os de embriaguez profunda, pertencentes a uma discutível zona-limite, são plenamente acolhidos pelo conceito pessoal de ação, pois sempre há nesses casos uma manifestação da personalidade, resultante da adaptação do aparato anímico a circunstâncias ou acontecimentos do mundo exterior. Argumenta que a personalidade não se reduz à esfera da consciência, clara como o dia, e, portanto, em tais hipóteses, a definição deve ocorrer por meio de uma valoração jurídica.

1.8.3 Conceito de ação de Günther Jakobs

Atento ao desenvolvimento da sociedade, especialmente o técnico, que termina por gerar maior número de riscos às pessoas[46], aliado ao desenvolvimento do método jurídico-penal na

---

43 Claus Roxin. *Derecho...*, op. cit., p. 255-259.
44 *Ibid.*, p. 258-265.
45 *Ibid.*, p. 265. Para reforçar essa teoria, Claus Roxin descreve quatro casos reais tirados da jurisprudência alemã.
46 Günther Jakobs. *La imputación objetiva en derecho penal*. Trad. Manuel Cancio Meliá. Buenos Aires: Ad-Hoc, 2002, p. 17.

Alemanha, tendente a se aproximar cada vez mais da realidade[47], Günther Jakobs desenvolveu um conceito de ação baseado em um método puramente normativista, que inclui na mesma fórmula a ação em sentido estrito e a omissão.

Toma por base o fato de o Direito penal ocupar-se de conflitos sociais para identificar o indivíduo, não como tal, mas segundo o papel desenvolvido por ele na sociedade, ou como denomina, o *role*[48] que desempenha. Conforme os padrões gerais de cada papel, de motorista, de cidadão, de pedestre, de trabalhador, dentre outros, o indivíduo cria uma série de expectativas, tornando-se por isso, garante dessas expectativas.

Günther Jakobs esclarece que essa posição de garante, diferentemente da doutrina tradicional, não se refere apenas aos crimes omissivos impróprios, mas é pressuposto de todo ilícito.

Essa teoria direciona-se no sentido de que, como a sociedade interage em torno das expectativas de cada um, a conduta tem um significado no contexto social de não gerar decepções, o que ocorre quando se violam normas penais[49].

Ao lado desse *status* geral de qualquer membro da sociedade, que tem o dever de respeitar os direitos alheios como contrapartida do exercício dos seus próprios direitos, os cidadãos ainda desempenham *roles* com características especiais que os obrigam a configurar um mundo parcialmente comum com outras pessoas, na condição de pai, mãe, cônjuge, filho, dentre outros, também definido por uma ordem de direitos e deveres. A inobservância dessa ordem, existente em razão do *status* especial, que fundamenta uma responsabilização penal[50].

---

47 Santiago Mir Puig. *Introducción...*, op. cit., p. 257-259.
48 Terminologia oriunda do inglês *role*, utilizada por sociólogos da língua portuguesa com o sentido de: "papel social".
49 Luis Greco. "Introdução à dogmática funcionalista do delito". Rio de Janeiro. Disponível em: <http://www.derechopenalonline.com/br/dogmaticafuncionalista.htm> Acesso em: 17 ago. 2004.
50 Marta Felino Rodrigues. *A teoria penal da omissão e a revisão crítica de Günther Jakobs*. Coimbra: Almedina, p. 77-78.

Há sempre um postulado ético em Günther Jakobs: cumprir o seu papel social sem causar danos aos outros, o que reflete sua ideia de que a missão do Direito penal é a garantia da ordem jurídica, que tem como base a confiança.

Dessa forma, na teoria de Günther Jakobs, o conceito de ação é transferido para o campo da imputação objetiva. A imputação, fator normativo, atribui à ação uma causação, pois não sendo assim, permanecendo fora da relevância jurídica instituída pela norma, o fato não sai do âmbito da natureza[51].

As teses de Günther Jakobs, escoradas em modernas concepções, que fala em "expectativas sociais", "quebramento de normas", "decepções", "prevenção geral" etc., despertaram e continuam despertando, no mundo todo, sérias reflexões sobre o Direito penal na sociedade moderna.

1.8.4 Conceito de ação como agir comunicativo

Antonio Luís Chaves Camargo[52], reafirmando o fato de a ação ter um significado relevante para o Direito penal, e que seu conceito, com interesse jurídico-penal, exige a distinção entre voluntariedade e involuntariedade, como movimentos que possam determinar o consenso ou dissenso no agir comunicativo, propõe um conceito de ação relacionado à imputação objetiva.

O autor parte do conceito de ação como ato de comunicação linguística nas relações sociais, em que está presente a consciência da ilicitude, já que o conflito se estabelece em razão do dissenso comunicativo entre o agente e a expectativa do grupo social.

Toma como paradigma a teoria do agir comunicativo de Jünger Habermas, para quem a linguagem é a imagem do mundo ar-

---

51 Antonio Luís Chaves Camargo. *Imputação...*, op. cit., p. 95.
52 *Ibid.*, p. 95.

ticulada linguisticamente, e a imagem linguística do mundo vem coisificada como seu ordenamento[53].

Esclarece Antonio Luís Chaves Camargo[54] que a lei penal, enquanto descrição normativa, concretiza-se em cada situação de comunicação, de maneira diferente, mas tem como pano de fundo um parâmetro delimitado pela maioria que compõe o grupo social. Dessa forma, no agir comunicativo, a função da norma penal é o resultado de uma interpretação que os membros do grupo social compartilham e com que se entendem, diante da validade que pretendem para sua ação.

O direito positivo realiza a função de intermediário, buscando eliminar as tensões que possam existir entre os integrantes do grupo social a que a norma se destina e que aceitam como válida por convenção, já que atinge a expectativa do próprio grupo.

Nessa teoria, a ação, no Direito penal adquire importância sempre que é preciso imputar objetivamente a alguém um fato que seja produto do dissenso e que tenha relevância para a desestabilização desse grupo social. Havendo o dissenso, a aplicação da sanção, necessária e proporcional, é a resposta do Direito penal para manter a validade interpretativa da norma. A análise sobre a validade dessa ação levará em conta a capacidade de linguagem e de ação do agente que a praticou, o que representa, também, o conhecimento das normas de comportamento social, refletidas pelo mundo de vida da maioria, respeitando-se, por sua vez, a minoria[55].

Pelo enfoque da imputação objetiva, a análise da ação, seja individual ou em grupo, exige que se recorra a regras linguísticas, semânticas, que indiquem o seu significado[56].

---

53 João Bosco da Encarnação. *Filosofia do Direito em Habermas:* a hermenêutica. Lorena: Stiliano, 1999.
54 *Imputação...*, op. cit., p. 97.
55 *Ibid.*, p. 97.
56 *Ibid.*, p. 97.

Antonio Luís Chaves Camargo[57] exemplifica com a descrição típica do homicídio simples no Código Penal brasileiro: *matar alguém*. A ação de matar não há como ser relativizada pelo intérprete. Entretanto, semanticamente, reconhece-se neste tipo penal, que é uma exteriorização de dissenso que se impõe a outrem, com o intuito de tirar-lhe a vida. O conceito semântico vai ser encontrado no grupo social, que no caso do exemplo *matar alguém*, é tirar a vida de quem não esteja em morte cerebral, conforme a legislação vigente no país.

Dessa forma, porque o grupo social é quem dá validade e compreensão à norma, possibilita-se ao Direito penal uma constante atualização, com revalidação dos conceitos de valores vigentes, espacial e temporalmente, com reprovação dos ilícitos determinados pelo dissenso social relevante.

Com essa metodologia, o conceito de ação como agir comunicativo é definido: "como a exteriorização do mundo de vida do agente num determinado grupo social, em dissenso com os valores reconhecidos pelo mesmo grupo social, que decorrem da interpretação das normas vigentes que dão validade à expectativa de comportamento exigido como preferências pelas regras sociais deste grupo"[58].

1.8.5 Posição de Jesús-Maria Silva Sánchez sobre o conceito de ação

Examinadas as principais teorias propostas pela doutrina dentro do Direito penal moderno, constata-se a preocupação da maioria dos autores em encontrar um conceito de ação, de caráter geral, que abranja todas as formas de manifestação da conduta penalmente punível.

Desde o sistema clássico – Liszt-Beling, que propôs o conceito de ação como movimento corporal humano voluntário produtor

---

57 Antonio Luís Chaves Camargo. *Imputação...*, op. cit., p. 98.
58 *Ibid.*, p. 98.

de uma modificação no mundo exterior[59], até as atuais propostas de Claus Roxin[60], Günther Jakobs[61] e Antonio Luís Chaves Camargo[62], verifica-se constante evolução dentro da ciência penal, exceção feita à escola de Kiel[63], em busca de um conceito de ação que possa satisfazer a diversidade dos fatos de interesse do Direito penal.

Nesse caminho evolutivo, emergem também, propostas de se abandonar qualquer ideia de um conceito pré-típico de ação, sugerindo que deva ser ela assimilada pela tipicidade como conceito fundamental do Direito penal[64].

O pós-finalismo e seus representantes não acolheram o ontologismo de Hans Welzel, muito menos admitiram que a ação possa ter por alicerce um *a priori*, mesmo com base naturalista, conforme era a proposta das estruturas lógico-objetivas.

Em meio a essas posturas, e para que o conceito de ação cumpra o seu papel de delimitação das condutas com capacidade de sentido, até para a determinação do significado concreto no Direito penal, Jesús-Maria Silva Sánchez[65] entende inevitável serem acolhidas posições mais relativistas em relação ao assunto.

Primeiramente, ele chama a atenção para o fato de que, para a constatação do que seja *a ação*, e percebido o seu sentido, deve ser levado em consideração o sistema social no qual se deu a ocorrência do fenômeno. Isso porque, conforme assevera, os fatos que possam ser qualificados como *ação*, e o sentido deles, são algo que pode variar em função das relações de comunicação que se estabelecem em um determinado sistema, ou subsistema social[66].

---

59 Cf. item 1.2 deste Capítulo.
60 Cf. item 1.8.2 deste Capítulo.
61 Cf. item 1.8.3 deste Capítulo.
62 Cf. item 1.8.4 deste Capítulo.
63 Cf. item 1.4 deste Capítulo.
64 Claus Roxin. *Derecho...*, op. cit., p. 251.
65 *Normas y acciones en derecho penal*. Buenos Aires: Hammurabi, 2003, p. 63.
66 *Ibid.*, p. 63.

Por outra ótica, Jesús-Maria Sánchez alerta também que, até mesmo dentro do Direito penal, conforme a concepção que dele se tenha, pode-se chegar a conclusões diferentes quanto ao que seja *ação*[67].

Lembra, ainda, que a causalidade ou a finalidade também podem influir, no sentido a ser dado a uma determinada ação. Também, por outro prisma, na ausência de causalidade ou finalidade, como ocorre nos casos de atribuição de deveres em razão da posição do agente, e de acordo com cada sistema, têm-se variados sentidos de ação[68].

Faz, ainda, Jesús-Maria Silva Sánchez[69], outras ponderações, até sobre a possibilidade de o legislador positivo explicitar, mesmo estando vinculado ao sistema em que atua, o modo como se deve proceder ao atribuir um sentido concreto à ação, o que, obviamente, também poderá variar em relação a outros sistemas.

No que se refere aos sistemas de Direito penal, o autor observa que o conceito de ação em uma teoria do delito voltada para a prevenção especial[70] não pode ser igual ao assumido em que vigora um sistema com configuração retributiva ou preventivo-geral[71].

Por fim, anota Jesús-Maria Silva Sánchez que o conceito de ação pode ter, ainda, uma configuração distinta conforme se adote a ação por *ação humana*, capaz de sentido, própria de uma

---

67 *Normas y acciones en derecho penal*. Buenos Aires: Hammurabi, 2003, p. 63.
68 *Ibid.*, p. 64.
69 *Ibid.*, p. 65.
70 *Ibid.*, p. 65. Conforme esclarece Santiago Mir Puig, o caráter de prevenção especial sobreviveu a partir do último terço do séc. XIX, defendida pelo correcionalismo na Espanha, pela escola positiva na Itália e direção moderna de Franz von Liszt na Alemanha. Preocupada com o criminoso pregava que a pena só se justificava por sua finalidade preventiva, e deveria ser aplicada sobre a personalidade do delinquente. In: *Introducción...*, op. cit., p. 55-57.
71 *Ibid.*, p. 65. Aponta Santiago Mir Puig que o caráter preventivo-geral na teoria do delito foi defendido em seu sentido moderno por Paul Johann A. von Feuerbach e Benthan, e supõe a prevenção frente a coletividade. A pena serve como ameaça dirigida aos cidadãos. In: *Introducción...*, op. cit., p. 53.

concepção de Direito penal como sistema de diretivas de conduta, ou uma concepção de Direito penal como sistema de normas de valoração ou de expectativas de condutas institucionalizadas. Isso porque a autoconsciência e a liberdade do destinatário, pressupostos da capacidade de sentido em um sistema de diretivas de conduta, não teriam razão de ser num sistema de meras valorações ou expectativas institucionalizadas.

Jesús-Maria Silva Sánchez exemplifica com os atos das pessoas jurídicas, que, conquanto possam ser valorados e com capacidade de constituir rompimento de expectativas, não têm o menor sentido para um Direito penal que pretenda influir sobre o comportamento dos cidadãos mediante diretivas de conduta, já que os atos das pessoas jurídicas carecem de um sentido mínimo de liberdade, tanto externa como interna[72].

Em síntese, a ideia reitora de Jesús-Maria Silva Sanches aponta para a inviabilidade de se adotar um único e genérico conceito de ação que possa atender, nos diversos sistemas e pluralidade de doutrinas, as funções que dele se espera dentro da teoria do delito.

2. Evolução do conceito de omissão

2.1 Considerações iniciais

A questão em torno das omissões encontradas na composição de delitos tem sido objeto de preocupação dos juristas desde a antiguidade[73].

Já a discussão ao redor de um conceito de omissão, como problema jurídico-penal, é considerada um fenômeno muito mais recente[74], e que não se movimenta por teorias pacíficas.

---

72 *Normas...*, op. cit., p. 65.
73 Jesús-Maria Silva Sánchez. *El delito de omisión, concepto y sistema*. Buenos Aires: IB de f, 2003, p. 3.
74 *Ibid.*, p. 3.

Os debates mais constantes e polêmicos que orientam as doutrinas sobre o tema caminham na busca de um elemento, no interior do conceito de omissão, que dê a ela realidade e substância, colocando-a dentro do conceito geral de ação.

O interesse de encontrar uma resposta à causalidade eficiente na omissão em si e a necessidade de fundamentar dogmaticamente a reprovação penal de certas omissões em função da causação do resultado dão motivos tanto a construções cerebrinas quanto a investigações sérias sobre outros critérios que possam justificar a punição desse comportamento quando ele ingressa no campo criminal.

A utilização de metodologias de observação não coincidentes tem, historicamente, gerado teorias diversificadas, cujo conhecimento auxilia uma melhor compreensão da matéria.

Registre-se, contudo, como já alertado pela doutrina[75], a impossibilidade de atender-se com rigor à cronologia sobre a evolução histórica do tema, e a existência de inúmeras opções metodológicas para agrupá-las.

Para sistematização, diante da proximidade do assusto nos muitos autores, utiliza-se, em relação à omissão, do mesmo método usado no conceito de ação.

2.2 Conceito naturalista de omissão

É sob domínio do causalismo naturalista do último terço do século XIX que se tem como provável o surgimento da omissão como fenômeno jurídico-penal[76].

Talvez o fator principal de seu destaque nesse período tenha sido a necessidade de estabelecer os fundamentos para a sua punição, já que por influência do positivismo-naturalista, substitui-se, nessa época, também no jurídico, o ponto de vista moral por outro naturalístico.

---

75 Sheila Bierrenbach. *Crimes omissivos impróprios:* uma análise à luz do código penal brasileiro. Belo Horizonte: Del Rey, p. 28.
76 Jesús-Maria Silva Sánchez. *El delito...*, op. cit., p. 3.

Abandonava-se então a ideia da imputação do direito natural para edificar o conceito de ação sobre uma base ontológica, que Franz von Liszt definiu como sendo um movimento corporal voluntário que produz, pela lei da causalidade, mudança no mundo exterior[77]. Sob a crença da necessidade de se ter equivalência entre os conceitos de ação e omissão, e diante dessa visão naturalística, a omissão foi definida em seu aspecto externo como um nada, um não ser (*ex nihilo nihil fit*).[78]

Contudo, partindo da premissa de que do nada nada surge, restou questionado o fundamento da punibilidade de determinadas omissões, especialmente as atualmente conhecidas por omissões impróprias, já que para a caracterização delas não se examina qualquer movimento físico externo[79].

Dentro do mesmo ciclo naturalista, é atribuída a Heinrich Luden a primeira descrição diferenciadora entre delitos próprios e impróprios de omissão, tendo seu especial interesse pela relação de causalidade no âmbito dos últimos, gerando verdadeira revolução no trato da matéria[80].

Esse autor, na década de quarenta do século XIX, teorizou que, além do repertório expresso de delitos consistentes em um *não fazer* relativos a normas imperativas, que seriam crimes omissivos próprios, existia a possibilidade de que a maioria dos delitos de ação fosse perpetrada pela inação, ou crimes omissivos impróprios. Estes últimos, segundo Heinrich Luden, só se caracterizariam quando ocorresse uma mutação no mundo exterior, não fazendo o agente aquilo que dele se esperava. Exemplificou com a hipótese da mãe que pode matar seu filho recém-nascido com uma facada ou com a abstenção de dar-lhe alimento[81].

---

77 Jesús-Maria Silva Sánchez. *El delito...*, op. cit., p. 5-6.
78 *Ibid.*, p. 5-6.
79 *Ibid.*, p. 7.
80 Carmo Antônio de Souza. *Fundamentos dos crimes omissivos impróprios*. São Paulo: Dissertação (Mestrado em Direito) – Pontifícia Universidade Católica de São Paulo, 1999, p. 10.
81 *Ibid.*, p. 11.

A partir daí, uma série de autores, influenciados pelas ciências empíricas, conscientes da ausência de causalidade natural na omissão em si, tratam de buscar uma fórmula que permita afirmar que em determinados casos de omissão se "causa" o resultado.

Surgem, assim, as teorias do "atuar de outro modo", do "atuar precedente" e da "interferência", misturando o atuar interno com o atuar externo na produção do delito[82].

O debate produzido sobre o conceito de omissão, sob a marca do causal-naturalismo, deu origem a diversas correntes, sendo as mais significativas[83]:

a) A representada por Ernest von Beling e Gustav Radbruch, que tinham a omissão sob a ótica naturalista de um *modo negativo*, ou "não fazer algo".

b) Franz von Liszt, que inicialmente mantinha postura semelhante à de Heinrich Luden, abandona a perspectiva naturalista para definir a omissão como "não realização de uma ação esperada", por acreditar que só a omissão de uma ação esperada pode considerar-se equiparada a uma ação em sentido estrito.

As omissões próprias ou puras não são abrangidas pelos raciocínios dessas duas teorias.

c) Kollmann defende o que denomina de "concepção sintomática do delito", negando a existência de qualquer processo externo na omissão e, consequentemente, a possibilidade de um conceito unitário que agrupe ações e omissões. Para ele, omissão é um enunciado negativo. Mas, posteriormente, trata de adaptar tal conceito à sistemática de Franz von Liszt, confirmando que todo delito é um comportamento humano.

---

82 Jesús-Maria Silva Sánchez. *El delito* ..., op. cit., p. 9.
83 *Ibid.*, p. 12.

O método naturalista, por se mostrar incapaz de observar e extrair o sentido dos fenômenos, e fazer distinção qualitativa deles, vê-se substituído por correntes que tratam de fazer tal observação[84].

2.3 Conceito neokantiano de omissão

Na busca de satisfazer o vazio proporcionado pelo método naturalista, recorre-se a um método valorativo, característico da filosofia neokantiana[85].

Um dos traços definidores dessa corrente é o relativismo axiológico, baseado em não se especificar qualquer valor de referência, que pode variar segundo atribuição do sujeito dentro do processo de conhecimento.

O período de domínio do neokantismo caracteriza-se por uma progressiva perda de importância da teoria da ação em favor da teoria do tipo, com abandono, por alguns autores, do papel sistemático da ação em favor da realização típica[86].

No entanto, dentre os doutrinadores que permaneceram fiéis ao conceito de ação e omissão como formas de comportamento humano, a referência ao valor converteu-se em elemento do próprio conceito[87].

Hans Welzel, ao criticar a concepção neokantiana de omissão, afirma que ela nada mais era do que uma teoria complementar do naturalismo, participando da mesma concepção da realidade *em si* difundida por aquele[88].

---

84 Jesús-Maria Silva Sánchez. *El delito...*, op. cit., p. 16.
85 Cf. item 1.3 deste Capítulo.
86 Jesús-Maria Silva Sánchez. *El delito...*, op. cit., p. 16.
87 *Ibid.*, p. 16.
88 *Ibid.*, p. 16.

2.4 Conceito final de omissão

Na teoria final da ação, a ação humana, de acordo com a proposta de Hans Welzel, como verificado anteriormente[89], é o exercício da atividade final. Dessa forma, o pensamento welzelniano e de seus seguidores admite que o caráter final da ação baseia-se em que o homem, com seu "saber causal", pode prever as consequências de sua atuação, fixar objetivos e dirigir sua conduta à sua consecução.

Em torno das estruturas lógico-objetivas[90] de perspectiva ontológica, o finalismo tem que o poder da vontade humana não se esgota no exercício da atividade final, mas compreende, também, a sua omissão que por esse prisma, não é em si mesma uma ação, senão a *omissão de uma ação*[91].

Assim, a omissão para a teoria finalista não é um mero conceito negativo como para Ernest von Beling no naturalismo, em que ela consiste em um não fazer algo ou ausência querida de todo movimento corporal. O finalismo, de modo concreto, define a omissão como a produção da finalidade potencial de um homem em relação a uma determinada ação, como no exemplo dos habitantes de Berlim, que não podem se "omitir" de salvar uma pessoa que se afoga no Rin[92].

Portanto, nessa teoria, o conceito de omissão independe de qualquer regra jurídica, e pode ser considerada omissão a não realização de uma ação esperada pelos usos sociais, moral e o direito[93].

Nesse sentido, "omite" aquele que não realiza uma ação final, em que pese ter capacidade de ação. Essa capacidade, no caso, compreende: a) *uma possibilidade física de atuar,* externa e ob-

---

89 Cf. item 1.5 deste Capítulo.
90 Cf. item 3.5 deste Capítulo.
91 Guillermo Julio Fierro. *Causalidad e imputación.* Buenos Aires: Astra, 2002, p. 360.
92 *Ibid.,* p. 60.
93 José Cerezo Mir. *Ontologismo...,* op. cit., p. 18.

jetiva (força física, habilidade, condições externas de realização da ação), que se refere ao fato de que uma decisão de agir de forma determinada pode ser realizada; b) *uma capacidade de condução final*, que abarca por um lado a adoção da decisão e, por outro, o controle do processo que foi posto em movimento[94].

Com um exemplo, Jesús-Maria Silva Sánchez[95] esclarece todo o processo:

> Para que se possa decidir que um sujeito A, que não sabe nadar omitiu uma ação de salvamento no mar será preciso: 1) que haja alguém que está afogando, que haja uma barca, que não haja impedimento de usá-la (possibilidade físico-real); 2) que saiba colocá-la em movimento e conduzi-la; que saiba com segurança ou tenha por possível a existência da pessoa que esta se afogando; e que saiba ou possa saber que tem à sua disposição a referida barca.

Na dogmática da omissão, critica-se a posição finalista por ter voltado a estabelecer como insuperável a dicotomia entre omissão e ação, destacando entre elas diferenças substanciais[96].

2.5 Conceito negativo de omissão

Pode-se dizer em relação ao "conceito negativo de omissão" o que já foi mencionado sobre o mesmo conceito quando em referência à ação propriamente dita[97], pois é no mesmo "princípio da evitabilidade" que se fundamentam, para essa teoria, as duas modalidades do "agir" penalmente relevante, ação e omissão.

Segundo o princípio que informa esse conceito, ao autor imputa-se um resultado se, podendo evitá-lo, e estando obrigado

---

94 Jesús-Maria Silva Sánchez. *El delito...,* op. cit., p. 43.
95 *Ibid.*, p. 44.
96 Carlos Parma. *El pensamento de Günther Jakobs:* el derecho penal del siglo XXI. Mendoza: Ediciones Juridicas Cuyo, 2001, p. 293.
97 Cf. item 1.6.4 deste Capítulo.

pelo Direito a isso, não o evita. Ou seja, imputa-se se não evitar o evitável sempre que o autor se encontrar em posição de garante.

Anote-se que, como já apontado[98], Rolf Dietrich Herzberg sustenta a existência da posição de garante também em relação aos delitos de comissão, em que o evento seria evitado com o deixar de agir, pois, quanto aos casos omissivos, o agente deve interferir no curso causal preexistente, agindo. Essa posição é isolada, além de muito criticada.[99]

A posição de garante referida por Rolf Dietrich Herzberg tem o mesmo sentido exigido pela maioria da doutrina em relação aos delitos omissivos impróprios, isto é, o sentido de uma responsabilidade especial limitada a determinadas pessoas.

Esclarece, entretanto, Rolf Dietrich Herzberg, que existem casos que não podem ser incluídos no conceito negativo de ação, referindo-se aos delitos de omissão de socorro e omissão de denunciar certos delitos, ambos do Código Penal alemão, nos quais o dever de evitar o resultado não se limita a determinadas pessoas, mas estende-se a todos[100].

2.6 Conceito social de omissão

O conceito social sobre a conduta delitiva busca, além da superação dos desencontros entre a teoria causal e a teoria finalista, oferecer um conceito unitário de ação e omissão.

O conceito de ação de Hans-Heinrich Jescheck, como sendo "todo comportamento humano socialmente relevante",[101] é claro em sua abrangência, e abarca tanto a ação em sentido estrito, o fazer positivo, quanto a omissão, o agir culposo e o doloso, aglutinando todos os fatos penalmente relevantes.

Nesse conceito de Hans-Heinrich Jescheck não se pode pensar em um plano de consideração ontológica do ser, pois enquan-

---

98 Claus Roxin. *Derecho...*, op. cit., p. 248.
99 *Ibid.*, p. 248-251.
100 *Ibid.*, p. 248.
101 Cf. item 1.7 deste Capítulo.

to a ação propriamente dita tem natureza ontológica, a omissão tem origem normativa[102].

O comportamento, nesse conceito, pode consistir tanto no exercício da atividade final, como na causação de consequências, sempre que o acontecer seja conduzido empregando finalidade. O mesmo pode se dar na inatividade diante de uma expectativa de ação, sempre que se tenha a possibilidade de agir.

Em razão de sua amplitude, esse supraconceito unitário, reconhecido por parte da doutrina, não sobreviveu às criticas, exatamente por ser muito amplo.

2.7 Conceito de omissão na atualidade

2.7.1 Considerações iniciais

A evolução da ciência penal desde as três últimas décadas do séc. XIX, época que coincide com o surgimento das primeiras referências à omissão como questão jurídico-penal, propiciou, como visto[103], o aparecimento, ao longo do tempo, de várias teorias sobre o tema.

As respostas da doutrina, entretanto, não foram convincentes, pairando ainda várias dúvidas sobre o conceito de omissão, o que tem levado os estudiosos da atualidade a continuar suas investigações à procura de melhores definições e estabelecimento de conceitos mais precisos sobre a omissão.

2.7.2 Conceito de omissão de Claus Roxin

Ao escrever sobre sua teoria de "ação como manifestação da personalidade", Claus Roxin[104] anota, como primeira observação, tratar-se de um conceito idôneo a abranger todas as formas de manifestação da conduta delitiva. Tudo o que no campo pré-ju-

---

102 Manuel Jaén Vallejo, *El concepto...*, op. cit., p. 58.
103 Cf. itens 2.2, 2.3, 2.4, 2.5 e 2.6 deste Capítulo.
104 *Derecho...*, op. cit., p. 255.

rídico pode ser qualificado de ação interessa ao seu conceito, até mesmo as omissões.

Ressalta que até a omissão por imprudência inconsciente é uma manifestação que se pode imputar ao sujeito como infração da norma, pois, caso não fosse assim, não seria possível fundamentar a sua antijuridicidade e punibilidade[105].

Adverte sobre o fato de, em alguns casos de omissão, a "manifestação da personalidade" não resultar neutra diante do elemento valorativo que supõe o tipo. Explica que uma omissão só chega a ser uma manifestação da personalidade por meio de uma expectativa de ação, pois, teoricamente, todos os dias podem ser feitas coisas peculiares, como subir em um poste de luz, esbofetear inofensivos pedestres etc., porém não fazê-las não significa uma omissão. Conclui, então, que são essas "expectativas" que transformam um "nada" em uma "omissão"[106].

Dá, como exemplo, alguém que deixa propositalmente de cumprimentar um velho conhecido, caracterizando uma manifestação da personalidade, e do ponto de vista jurídico uma omissão. Socialmente se esperava uma saudação, mas para se saber se essa omissão, como manifestação da personalidade, é uma injúria, deve ser examinado o tipo penal, independentemente da qualidade da ação[107].

Há casos, contudo, segundo o autor, e sobretudo no Direito penal acessório, em que uma expectativa de ação se fundamenta só e unicamente em um preceito jurídico. Assim, quando o legislador (no campo da economia, do comércio e indústria) estabelece alguns deveres de aviso ou entrega, ameaçando com pena o seu descumprimento, cria tipos que convertem um não fazer em uma omissão, pois, enquanto o aviso ou entrega não eram exigidos juridicamente, seria absurdo realizá-los. Por isso, em tal caso, a não realização não é uma manifestação da personalidade nem uma ação ou omissão, mas um nada. Em tais situações, mencio-

---
105 *Derecho...*, op. cit., p. 255.
106 *Ibid.*, p. 257.
107 *Ibid.*, p. 257.

na Claus Roxin[108], não há ação antes do tipo, mas sim o tipo que a pressupõe.

Portanto, para essa teoria, para se comprovarem algumas omissões, é necessário adentrar-se ao tipo, como se dá, p. ex., no Direito penal consumerista brasileiro, quando o legislador ameaça com pena de prisão o prestador de serviços que deixar de alertar ostensivamente sobre a periculosidade do serviço a ser prestado[109].

Dessa maneira, Claus Roxin proclama uma omissão pré-típica e uma excepcionalmente típica, ambas pertencentes a um só supraconceito de ação.

2.7.3 Conceito de omissão de Günther Jakobs

Verificou-se anteriormente[110] ter Günther Jakobs desenvolvido um conceito de ação baseado em um método normativista, em que envolvia na mesma fórmula a ação em sentido estrito e a omissão.

Nesse conceito, a distinção entre ação e omissão é sutil, na medida em que para o seu autor, uma diferença entre as duas formas exteriores de conduta não tem relevância jurídica. Isto é, o limite entre comissão e omissão encontra-se no plano puramente naturalista, sendo arbitrário do ponto de vista normativo[111].

Para a fórmula de Günther Jakobs, tanto em relação aos delitos de ação quanto aos de omissão pressupõe-se a evitabilidade[112].

---

108 *Derecho...*, op. cit., p. 257.
109 Dispõem o art. 63 e o § 1º da Lei 8.078, de 11 de setembro de 1990: *Omitir dizeres ou sinais ostensivos sobre a nocividade ou periculosidade de produtos, nas embalagens, nos invólucros, recipientes ou publicidade: Pena – Detenção de seis meses a dois anos e multa. § 1º Incorrerá nas mesmas penas quem deixar de alertar, mediante recomendações escritas ostensivas, sobre a periculosidade do serviço a ser prestado.*
110 Cf. item 1.8.3 deste Capítulo.
111 Marta Felino Rodrigues. *A teoria...*, op. cit., p. 78.
112 Sheila Bierrembach. *Crimes...*, op. cit., p. 71.

Nos de ação, uma concorrência de impulsos, conscientes ou inconscientes, conduz à formação de um motivo para o movimento corporal, e esse causa o resultado. Na omissão, produz-se um resultado que não teria sido produzido se o autor estivesse motivado a impedi-lo e realizado os movimentos corporais necessários[113].

Um exemplo expressivo de Günther Jakobs[114] esclarece sua teoria neste aspecto: qualquer pessoa é garante de que o automóvel por ela conduzido não choque contra um pedestre. Para tal, a omissão de frear ou a ação de acelerar são apenas formas exteriores por meio das quais se cumpre o mesmo dever de não lesionar.

Do ponto de vista jurídico é indiferente que se lesione uma pessoa acelerando ou não freando o automóvel.

Com base nessa teoria de Günther Jakobs, seria estranho encontrar nesse exemplo do automóvel mais diferenças do que as dos puros elementos fáticos de caráter causal.

Portanto, para Günther Jakobs, é improcedente a opinião da doutrina dominante de que a posição de garante exigida para a responsabilidade penal no delito de omissão é irrelevante para os delitos de ação, já que qualquer pessoa é garante da não produção de resultados lesivos à sociedade. Se na omissão a posição de garante é sinônimo de "dever evitar o resultado", e se do autor de um crime comissivo não é exigida a mesma posição, ou seja, se não está obrigado a evitar o resultado que lhe é imputável, Günther Jakobs[115] pergunta: aquele autor que praticou a ação responde, então, por quê? Sendo um dever que incumbe a qualquer um, não constitui uma particularidade nem do crime comissivo nem do crime omissivo.

Conforme se observa, Günther Jakobs não só equipara os conceitos de omissão e ação para fins penais, mas tende a descaracterizar os próprios fundamentos dos delitos comissivos, além

---

113 Sheila Bierrembach. *Crimes...*, op. cit., p. 71.
114 *Apud* Marta Felino Rodrigues. *A teoria...*, op. cit., p. 80.
115 *Ibid.*, p. 80.

de valorizar a conduta do autor diante da norma em detrimento do resultado da ação.

2.7.4 Conceito de omissão como agir comunicativo

Como já se teve oportunidade de ver[116], o "conceito de ação como agir comunicativo", de autoria de Antonio Luís Chaves Camargo[117], tem a "ação" como ato de comunicação, no qual está presente a consciência da ilicitude, já que se estabelece um conflito, que é o dissenso comunicativo entre o agente e a expectativa do grupo social que espera determinados comportamentos em consonância com as regras sociais vigentes.

Toma, pois, o autor, a ação como exteriorização do mundo de vida do agente num determinado grupo social, que não se compatibiliza com um conceito puramente causal, ou mesmo ontológico, mas social, porque associado ao agir comunicativo.

A ação, nessa visão, é a manifestação simbólica com a qual o autor entra em contato com o mundo objetivo.

Antonio Luís Chaves Camargo, em seu conceito de ação, não faz distinção entre ação em sentido estrito ou omissão, já que ambas são formas de agir comunicativo.

Não se pode olvidar que a comunicação muitas vezes se dá por meio de um não fazer ou de um omitir, pois também se trata de uma forma simbólica de entrar em contato com o mundo exterior, integrando o sentido amplo de ação.

3. Apreciações críticas sobre os diversos conceitos de ação

3.1 Considerações iniciais

Após a apresentação das principais teorias sobre o conceito de ação, compreensivo tanto do fazer quanto do omitir, pode-se

---
116 Cf. item 1.8.4 deste Capítulo.
117 *Imputação...*, op. cit., p. 95-98 e 128-129.

afirmar que a moderna dogmática penal, a despeito do empenho de seus construtores, não tem conseguido dar uma resposta ao tema, que seja capaz de atender suficientemente às expectativas da própria dogmática.

É possível detectar, por meio da apreciação do desenvolvimento histórico sobre o assunto, existir um certo consenso entre os autores que acreditam em um conceito genérico de ação, o qual, para ser útil, deve cumprir algumas funções mínimas.

Claus Roxin[118] indica com clareza quais são essas funções, que podem ser assim resumidas:

a) em primeiro lugar, o conceito de ação deve ter um "significado lógico", com características de um supraconceito, capaz de abranger todas as formas de manifestações da conduta punível, em que possam ser conectadas todas as ações com suas diferenças específicas. Esse conceito deve servir como "elemento básico" do Direito penal.

b) o conceito de ação deve atravessar todo o sistema jurídico-penal, constituindo de certo modo sua coluna vertebral. Primeiramente a ação deve se determinar como tal para depois se dotar de predicados valorativos cada vez mais ricos em conteúdo como ação típica, antijurídica, culpável e punível. Dessa função como "elemento de enlace e união" derivam-se dois requisitos de conteúdo:
1. o conceito de ação deve ser neutro diante do tipo, da antijuridicidade e da culpabilidade. Portanto não pode conter nenhum elemento que só possa ser incluído como atributo da ação em momentos posteriores de valoração.
2. ao mesmo tempo em que o conceito de ação não deve invadir o tipo, não pode, por outra parte, estar vazio de conteúdo, pois tem de possuir suficiente substância e a necessária força expressiva para poder suportar os predicados dos elementos valorativos.

---

118 *Derecho...*, op. cit., p. 234-235.

c) tem ainda o conceito de ação a função de excluir, de antemão e independentemente da configuração variável dos tipos penais, tudo o que não se deve levar em consideração para um processo penal: eventos causados por animais, atos de pessoas jurídicas, meros pensamentos e atitudes internas, modificações do mundo exterior não submetidas ao controle e direção do aparato psíquico, como ocorre com os ataques convulsivos, delírios, dentre outras coisas. Nesse ponto fala-se em significado prático da ação como "elemento limite".

3.2 Críticas ao conceito causal naturalista de ação

Conforme foi visto, desde a escola clássica o conceito de ação foi eleito como base inicial de toda construção da teoria do delito, com capacidade de sustentar integralmente a estrutura da infração penal.

E sobre as influências do método clássico é que se construiu o *conceito causal naturalista de ação*[119], espaço definidor desta como sendo um "movimento corporal dependente da vontade e causante de uma modificação no mundo exterior".

Conceito, entretanto, com lacunas, pois além de não abranger a *omissão* em seu designado "movimento corporal", não cumpre o propósito de delimitação. Isto porque, quanto a este último aspecto, a extensão do conceito pode levar a uma falsa compreensão, induzindo se admitam como *ação* condutas remotas, sem nenhuma relação direta com a infração penal.

3.3 Críticas ao conceito causal-neokantiano de ação

Já no *método causal-neokantiano*[120], o conceito de ação perde qualquer interesse dentro da teoria do delito, embora tenha sido uma evolução do conceito de Ernest von Beling, por valorar o que denominou de comportamento humano. É que o normati-

---

119 Cf. item 1.2 deste Capítulo.
120 Cf. item 1.3 deste Capítulo.

vismo dessa corrente leva à norma a função de base estrutural da ilicitude e da culpabilidade, desprezando qualquer conceito pré-jurídico de *ação*.

Com o comportamento humano valorado, o conceito de ação deixa de ser um fato naturalístico e tem como decorrência uma maior amplitude na análise típica, o que sucederá da interpretação do tipo penal nos seus aspectos formais e materiais.

3.4 Críticas ao conceito de ação da escola de Kiel

A *escola de Kiel*[121] não chegou a elaborar um conceito de ação.

A adoção da analogia, o antinormativismo, o menosprezo à forma e a noção do Direito como imanente à comunidade, devendo toda ação ser punível de acordo com o pensamento fundamental de uma lei penal, por ser esta expressão do querer comunitário[122], são algumas características do Direito penal da escola de Kiel e impedientes da elaboração de um conceito unitário de ação.

Por outro lado, também, a adoção, pelos penalistas desta escola, de um Direito penal do autor, em detrimento de um Direito penal do fato, terminou por deixar em segundo plano a ação em si, em razão da "maior relevância atribuída à vontade do agente, como elemento caracterizador de sua anti-socialidade e de sua contraposição à comunidade"[123].

3.5 Críticas ao conceito final de ação

Quanto à *concepção final de ação*[124], em razão de sua ampla divulgação e dos adeptos que angariou pelo mundo, são também mais conhecidas as críticas que se lhe fazem.

---

121 Cf. item 1.4 deste Capítulo.
122 Miguel Reale Júnior. *Teoria...*, op. cit., p. 25.
123 *Ibid.*, p. 26.
124 Cf. item 1.5 deste Capítulo.

Especial censura é feita sob o forte argumento lastreado na impossibilidade de o superior conceito proposto pelos finalistas abranger todas as formas do atuar penalmente relevante, como é o caso da omissão.

Isto porque, na omissão, entendida pelo finalismo como não produção da finalidade potencial de um homem em relação a determinada ação, não se vislumbra existir um comportamento propriamente dito.

Outra forte crítica recai sobre a ação culposa, nunca bem esclarecida por esta corrente, que por meio de Hans Welzel, seu fundador, chegou a mencionar uma teoria cibernética da ação, na qual a ação culposa seria governada e dirigida pela vontade[125]. O que não conseguiu explicar, ao menos coerentemente, é o nexo de finalidade que possa existir entre um comportamento culposo e o resultado, ainda que tenha admitido que a violação do dever de cuidado, nesse crime, exija a consciência da ilicitude e a finalidade de violar tal dever.

As hipóteses de *aberratio* também padecem de resposta satisfatória pelos finalistas, pois é certo que nesses casos não existe uma ação final como a descrita pela teoria que adotam[126].

Mas é contra a *perspectiva ontológica* entranhada nas designadas *estruturas lógico-objetivas* que formam a base permanente desse conceito que são apontadas as principais objeções.

Jorge de Figueiredo Dias[127] considera falso o ontologismo adotado pelo sistema finalista, baseado em que só o homem é capaz de antecipar fins e escolher os meios para os alcançar com sua ação, já que a ciência biológica contemporânea vem sustentando existir essa mesma capacidade também em alguns animais.

Jesús-Maria Silva Sánchez[128] também critica as tentativas de se acolher um critério externo-absoluto para determinar o objeto possível do Direito penal, conforme ocorre com a utilização

---

125 Manuel Jaén Vallejo. *El concepto...*, op. cit., p. 45.
126 Giorgio Marinucci. *El delito...*, op. cit., p. 61.
127 Jorge de Figueiredo Dias, *Temas...*, op. cit., p. 202.
128 *Normas...*, op. cit., p. 50. No mesmo sentido Günther Jakobs afirma que o conceito de ação não se busca antes da sociedade, senão dentro dela. *Apud* Manuel Jaén Vallejo, *El concepto...*, op. cit., p. 41.

de bases ontológicas. Ressalta que, em pureza, muitos conceitos de ação são "ontológicos", como os da neuropsicologia, da biologia, da filosofia, da moderna lógica da ação, dentre outros, mas, porque são distintos, cumpre a cada disciplina selecionar, dentro das diferenças, o que melhor se adapta aos fins que persegue[129]. Assim, no Direito penal, a partir da decisão normativa de que o pressuposto da sanção deve ser uma ação, cumpriria antes de tudo estabelecer, dentro do campo jurídico, o material ontológico das ações, sob pena de obscurecer o conceito[130].

Afirma, ainda, Jesús-Maria Sánchez,[131] que a pretensão de o âmbito do "ser-ação" vir fixado de fora do Direito penal e de forma permanente implica negar toda dimensão histórico-cultural e social-sistemática sobre a questão.

Acompanhando Jesús-Maria Silva Sánchez, tem-se de admitir que as *ações* em Direito penal, para serem entendidas com sentido, necessitam da introdução de outras dimensões no conceito, pois podem variar de acordo com as interpretações em termos históricos, ou em consonância com uma concepção mítica do mundo (concepções animistas), em que os animais e as forças da natureza geram processos interpretáveis; ou, ainda, em função de concepções em que certos seres humanos são reduzidos à categoria de objetos, cujos atos carecem de sentido, variando conforme os diferentes sistemas sociais[132].

Inclusive, se a ação de interesse penal é apenas a ação humana dirigida a um fim, como propõe o finalismo, não se vislumbra como explicar, dentro desse mesmo conceito, os sistemas que reconhecem como crime algumas ações praticadas por pessoa jurídica. Fato que, mesmo sem adentrar no mérito do acerto ou não dessas posições, já demonstra a impossibilidade de se acolherem critérios externos, com caráter absoluto, dentro da teoria do delito.

---

129 Jesús-Maria Silva Sáchez, *Normas...*, op. cit., p. 51.
130 *Ibid.*, p. 51.
131 *Ibid.*, p. 51.
132 Jesús-Maria Silva Sánchez, *Normas...*, op. cit., p. 51.

3.6 Críticas ao conceito negativo de ação

No que se refere ao *conceito negativo de ação*[133], edificado sobre o "princípio da evitabilidade" e esclarecido por Rolf Dietrich Herzberg como "o não-evitar o evitável em posição de garante"[134], foi ele pensado com o intuito de abarcar tanto os crimes comissivos quanto os omissivos, os dolosos e os culposos. Contudo não convenceu, por só abranger os chamados "crimes de resultado", sem englobar os de "mera atividade" ou "mera omissão"[135], deixando, assim, de cumprir a função de classificação que se espera de um conceito pré-típico.

3.7 Críticas ao conceito social de ação

O *conceito social de ação*[136], fixado sobre um padrão descrito como "conduta social relevante", e tendo o comportamento como proveniente de uma vontade em relação ao mundo exterior, também é passível de críticas.

Primeiramente por ser um conceito muito genérico, o que dificulta o entendimento de suas fronteiras, pois na expressão "relevância social" é possível incluir até mesmo os movimentos reflexos, os atos de pessoas jurídicas, a *vis absoluta* e outros[137].

Em segundo, por só ser possível estabelecer a "conduta social" com relevância para o Direito penal por meio da tipicidade, antijuridicidade e culpabilidade, o que subtrai do conceito a posição pré-típica que deveria ocupar.

---

133 Cf. item 1.6 deste Capítulo.
134 *Apud* Claus Roxin. *Derecho...*, op. cit., p. 247.
135 Jorge de Figueiredo Dias. *Temas...*, op. cit., p. 214.
136 Cf. item 1.7 deste Capítulo.
137 Claus Roxin. *Derecho...*, op. cit., p. 245.

3.8 Críticas ao conceito de ação de Claus Roxin

Em relação ao *conceito pessoal de ação* de Claus Roxin[138], tem-se como procedentes as críticas que lhe são opostas por Jorge de Figueiredo Dias[139], notadamente quanto à omissão, já que esta só pode constituir-se como "expressão da personalidade" na base de *uma prévia valoração como juridicamente relevante*, antecipando, assim, sua tipicidade, fazendo com que o conceito perca, nessa medida, tal qual ocorre com o conceito social, sua função de ligação.

A essa objeção, Jorge de Figueiredo Dias acrescenta, com razão, não compreender por que não possam ações penalmente relevantes, sob certas condições, como comportamentos de entes coletivos, atos reflexos ou automáticos e fatos praticados em estados emocionais graves, ser consideradas expressões da personalidade, quando o tipo poderá dispor de forma diversa, desconsiderando, para tanto, qualquer conceito geral de ação[140].

3.9 Críticas ao conceito de ação de Günther Jakobs

Ao *conceito de ação de* Günther Jakobs[141], abrangente não só da ação em sentido estrito, mas também da omissão, baseado em uma teoria unitária da posição de garante, e atrelada aos papéis sociais que as pessoas desenvolvem na sociedade, é oposta a objeção de não ter ele, na realidade, traçado qualquer conceito pré-típico de ação, mantendo-se no campo da normatividade[142].

A expectativa que se aguarda na fidelidade ao ordenamento jurídico transforma cada pessoa, membro de uma comunidade, em garantidor da vigência e eficácia das normas, o que, para o

---

138 Cf. itens 1.8.2 deste Capítulo.
139 *Temas...*, op. cit., p. 214-215.
140 *Ibid.*, p. 215.
141 Cf. item 1.8.3 deste Capítulo.
142 Claus Roxin. *Derecho...*, op. cit., p. 249.

Direito penal, determina uma confusão sem possibilidade de nenhum efeito prático.

3.10 Críticas ao conceito de ação como agir comunicativo

Por fim, cabe observar que também já foi alvo de crítica a fórmula apresentada por Antonio Luís Chaves Camargo sobre o tema, denominada *conceito de ação como agir comunicativo*[143].

Esse conceito, estruturado na linha da filosofia de Jünger Habermas sobre a comunicação em uma sociedade complexa e coerente com a teoria penal da imputação objetiva, acredita que a ação em sentido *lato* deve estar descrita no tipo e, por meio das regras da linguística e da semântica, o intérprete constatará se determinada ação encontra-se na abrangência da norma.

Credita-se, porém, a dificuldade em adotar um conceito de ação derivado de Jünger Habermas à complexidade das suas teorias[144].

Em coerência com as críticas feitas anteriormente ao "conceito social de ação", por estabelecer uma "conduta social" só valorável por meio da tipicidade, antijuridicidade e culpabilidade, atrasando o momento de separação dos comportamentos que interessam ao Direito penal, também aqui esse momento é retardado para a fase típica. Isto porque, segundo o conceito de ação como agir comunicativo, é por meio da interpretação da norma, elaborada segundo os valores do grupo social, e onde o agente exteriorizou, por meio da ação, seu mundo de vida no mesmo grupo, que se verificará se tal ação será, ou não, objeto de preocupação do Direito penal.

Ademais, a análise do conceito de ação e omissão, no agir comunicativo, vai se deparar com um outro problema sério da

---

143 Cf. item 1.8.4 deste Capítulo.
144 Sídio Rosa de Mesquita Júnior. "Imputação objetiva: discutindo com o Prof. Chaves Camargo". Jus Vigilantibus. Vitória, 11 de fev. 2004. Disponível em: <http://www.jusvi.com> Acesso em: 17 set. 2004.

denominada sociedade complexa, ou de risco, ou de conhecimento, onde os crimes comissivos ou omissivos que se dirigirem contra bens difusos não terão uma base comunicativa para a análise dessa ação ou omissão.

Portanto esse conceito, em determinadas situações, por depender da interpretação da norma segundo os valores do grupo social, poderá não atender à função de delimitação que, *a priori*, é o que mais se espera funcionalmente de um conceito de ação[145].

4. Tomada de posição

Vistas as funções teóricas, metodológicas e práticas que são atribuídas ao conceito de ação e examinadas as principais críticas feitas aos diversos conceitos gerais propostos pelas variadas correntes jurídico-penais, pode-se concluir, com expressivos autores[146], ser possível, muitas vezes, iniciar o exame do fato delituoso a partir do tipo penal, dispensando, assim, em múltiplas hipóteses, qualquer conceito pré-jurídico sobre a conduta punível.

Até mesmo quando a própria dogmática estabelece que o conceito de ação deve ter uma função delimitadora, ou servir de elemento limite para possibilitar a separação prévia das condutas que são de interesse do Direito penal das demais, com o que se concorda neste estudo, termina por remeter o tema para a cena do alcance ou fronteiras da intervenção do Direito penal. Questão que, em última instância, está ligada à norma em seu aspec-

---

145 Como acentua Jorge de Figueiredo Dias, *Temas...*, op. cit., p. 217: "Quando se pergunta qual o *thelos* ou a função que este conceito (de ação) serve dentro do sistema, a resposta só pode ser a de que com ele se pretende excluir tudo aquilo que desde o início não pode relevar para as posteriores valorações jurídico-penais, nomeadamente para as categorias do proibido e do permitido".

146 Jesús-Maria Silva Sánchez, *Normas...*, op. cit., p. 44-66, além da sua posição informa: "Em 1930, Gustav Radbruch havia concluído que o conceito de ação não cumpre nenhuma função na teoria do delito. Trinta anos depois, Armin Kaufmann, por outras vias, chega praticamente à mesma conclusão". p. 44-45. No mesmo sentido Jorge de Figueiredo Dias, *Temas...*, op. cit., p. 216-217.

to formal e a princípios de dentro e de fora da teoria de delito, incluídos aqueles decorrentes do Estado Democrático de Direito, nas nações onde essa filosofia política prevalece[147].

Por isso um conceito prévio de ação, que não tenha objetivo claro de delimitação ou não consiga atingir tal fim, termina, em diversas situações, por criar dúvidas sobre o seu papel no Direito penal.

Perde, por exemplo, o sentido, um conceito de ação extremamente amplo, dirigido a abranger todas as formas de conduta punível, pois, por princípio de lógica, a compreensão de uma definição diminui conforme aumenta a sua extensão e, por consequência, uma compreensão obscura termina por dificultar ao invés de esclarecer uma ideia.

O que se tem, portanto, de antemão, é o desacerto em restringir o tema num único e vasto conceito, como pretendem as teorias funcionalista-normativas radicais, qual a sustentada por Günther Jakobs.

Dessa forma, adequando os princípios que regem o Direito penal, no Estado Democrático de Direito, *ultima ratio,* subsidiariedade e fragmentariedade, à dogmática jurídico-penal com influência funcionalista, na visão moderada de Claus Roxin, e com base, ainda, na necessidade de uma política criminal, o conceito de ação deve continuar com sua importância, embora com função relativa de delimitação, o que possibilita, de plano, a exclusão daquelas ações que, embora aparentemente típicas, não têm a relevância exigida para a aplicação do Direito penal. Acrescentem-se, ainda, aquelas ações decorrentes do consenso comunicativo,

---

147 Marco Antonio Marques da Silva, *Acesso à justiça penal e estado democrático de direito.* São Paulo: Juarez de Oliveira, 2001, p. 143: "Um sistema de direito penal, no Estado Democrático de Direito, deve ter como limite os direitos humanos acolhidos na Constituição Federal e nos tratados e convenções internacionais (...) a imputação de um fato a determinada pessoa exige que se tenha uma ação típica, antijurídica e culpável, deduzida com vistas a uma política criminal, que, na proteção aos bens jurídicos, determina a imposição de uma restrição à liberdade somente quando for relevante o dano causado. O direito penal não se presta, desta forma, a proteger individualidades ou questões puramente morais, mas o social, a comunidade".

que, também, mesmo se mostrando típicas à primeira vista, não podem ser objeto da análise penal. Neste último caso, pode-se citar, na imputação objetiva, a autocolocação da vítima em risco, o que é consensual quanto à ação do agente, mas que exclui a tipicidade penal.

Por isso o conceito de ação e omissão a ser adotado nesta reflexão é o de delimitador do âmbito de proteção da norma e alcance do tipo, quando da aplicação da teoria da imputação objetiva, em especial nos crimes omissivos.

5. Formas de omissão: própria e imprópria

5.1 Considerações iniciais

Os tipos penais descritos na parte especial dos Códigos indicam, no geral, condutas positivas consistentes num fazer, e apontam no verbo típico a ação ou, excepcionalmente, tipificam um não fazer, que é a omissão própria ou crime omissivo puro.

Nos delitos chamados *delitos de ação* ou *comissivos*, a lei *proíbe* a realização de uma conduta que se estima nociva[148]. Há uma ação no sentido de fazer o que a lei proíbe, como matar, injuriar, causar dano.

O *não fazer* como crime omissivo próprio, qual afirmado, é em pequeno número e não se considera se deste comportamento advém ou não um resultado naturalístico. No Código Penal brasileiro têm-se, p. ex., os delitos de *omissão de socorro* (art. 135), *abandono material* (art. 244), *abandono intelectual* (art. 246), *omissão de notificação de doença* (art. 269).

Um exemplo ilustra as hipóteses de *omissão própria ou pura*: os pais que, sem justa causa, deixem de tomar as providências necessárias para que o filho, em idade escolar, receba a instrução de primeiro grau. Com esse comportamento de "deixar de tomar as providências necessárias" os pais estão violando uma norma preceptiva (art. 246 do Código Penal brasileiro) que dispõe: "Deixar,

---

148 Santiago Mir Puig, *Derecho...*, op. cit., p. 228.

sem justa causa, de prover à instrução primária de filho em idade escolar". Não há perquirir no caso sobre a existência de qualquer resultado externo.

No entanto, tendo-se como certo não poder o injusto prescindir de uma referência danosa, a vulneração da norma na hipótese, que, *prima facie*, deu-se com o simples descumprimento ao dever de atuar, possibilita, por pressupor um perigo de lesão a um bem jurídico, seja a conduta avaliada por meio da criação ou incremento de um risco a esse bem, como critérios da imputação objetiva.

É preciso anotar que alguns autores entendem existir sempre, nos delitos omissivos, uma conduta positiva que se realiza no lugar do comportamento ordenado[149]. Para esses, o *não fazer* vem sempre acompanhado de uma ação que realiza o tipo, justamente por não ser a conduta mandada pela lei.

A esta teoria são formuladas sérias objeções. A. Krug[150] criticou-a, alegando que, então, se uma mãe, em vez de alimentar seu filho, tece meias, o tecer será a causa da morte do menor.

Portanto, *em princípio*, exceção feita em relação aos que acreditam existir sempre, nas condutas penais, uma ação em sentido estrito, os crimes omissivos estão vinculados a um comportamento negativo.

Assim, estando essas condutas negativas, como já adiantado, descritas na norma e, consequentemente, adequadas aos tipos penais, sua constatação legal e análise não oferecem nenhuma dificuldade.

No entanto os problemas surgem quando se trata de imputar um resultado externo ao autor de uma conduta omissiva.

---

149 Santiago Mir Puig, *Derecho...*, op. cit., p. 228. Francisco Orts Alberdi menciona terem este mesmo entendimento na Argentina, Enrique Bacigalupo e Eugênio Raúl Zaffaroni. *Delitos de Comision por Omision*. Buenos Aires: Ghersi,1978, p. 60. No Brasil essa teoria é sustentada por José Henrique Pierangeli. *Manual de direito penal brasileiro* [parte geral] (Zaffaroni, Eugênio Raúl), São Paulo: Revista dos Tribunais, 5ª ed. rev. at., 2004, p. 511-515.
150 *Apud* Francisco Orts Alberdi, *Delitos...*, op. cit., p. 60.

É o que se dá na hipótese, sempre lembrada, da mãe que, por buscar a morte do filho, deixa de amamentá-lo e provoca-lhe o óbito[151].

Em tal exemplo, embora evidente o homicídio doloso, a proposição "matar alguém", que compõe o tipo penal do homicídio (art. 121 do Cód. Penal brasileiro), sugere, em verdade, uma ação positiva do agente, e não uma omissão.

Na busca de dar resposta satisfatória a esse e a outros questionamentos semelhantes, construiu-se na doutrina a figura do delito *omissivo impróprio* ou *comissivo por omissão*. A primeira denominação (*omissivo impróprio*) decorre de não existir nessa figura delitiva apenas o *não fazer* proibido pela norma, conforme acontece nas omissões próprias, mas um *não fazer com resultado* de perigo ou de dano, como se a ação tivesse sido praticada por um agir de forma positiva. A outra denominação (*comissão por omissão*) deriva do fato de a norma contrariada corresponder, em abstrato, a uma conduta positiva (no exemplo "matar alguém") e, no mundo real, o proceder ensejador do resultado proibido ser expresso por uma omissão do agente.

No trato das omissões entre os penalistas brasileiros, tem-se dado preferência à terminologia: delitos *omissivos próprios* e *omissivos impróprios*, envolvendo nas duas figuras todas as possibilidades do *não fazer* como conduta penalmente reprovável.

Para a diferenciação entre os delitos *omissivos próprios* e *omissivos impróprios*, diversas são as metodologias e critérios utilizados.

Há até autores que entendem não existir diferença essencial entre as duas espécies delitivas, os quais afirmam que, apesar da denominação diferenciada, os chamados crimes comissivos por omissão são autênticos crimes omissivos, porque apresentam destes todas as características[152].

---

151 Sheila Bierrenbach, *Crimes...*, op. cit., p. 24.
152 Francesco Carnelutti. *Teoria generale del reato*. Roma, 1940, p. 229. No mesmo sentido, no Brasil, Everardo da Cunha Luna. *Estrutura Jurídica do Crime*. São Paulo: Saraiva, 1993, p. 78.

O mais comum, entretanto, é a utilização de três critérios diferentes entre si para fazer a distinção entre as duas condutas, e que são denominados pela doutrina de *normológico, tipológico* e *tradicional*[153].

5.2 Critérios de diferenciação entre os delitos de omissão própria e os de omissão imprópria

5.2.1 Critério normológico

Segundo esse critério, é na natureza da norma que reside a distinção entre as duas espécies de delitos omissivos: as omissões próprias são caracterizadas pela violação de uma norma preceptiva; e as impróprias pela transgressão a uma norma penal proibitiva.

A crítica feita a esse critério reside no entendimento de ele negligenciar o postulado segundo o qual esses dois modelos de infração penal são espécies distintas do mesmo gênero, ou seja, a omissão *lato sensu*. Ademais, todos os delitos de omissão constituem a inobservância de normas preceptivas, não havendo motivo, do ponto de vista estrutural, para excepcionar as omissões impróprias, que também infringem um mandato de atuar e não uma proibição de causar dano[154].

5.2.2 Critério tipológico

O critério denominado *tipológico* tem como base a classificação das condutas omissivas de interesse do Direito penal que determina a existência ou inexistência de um tipo penal.

Leva em consideração que os delitos omissivos impróprios não estão expressamente tipificados na lei, sendo fruto da doutrina e da jurisprudência.

---
153 Marta Felino Rodrigues, *A teoria...*, op. cit., p. 15.
154 *Ibid.*, p. 16.

No entanto o critério sofre críticas[155], por desprezar a possibilidade de crimes omissivos impróprios serem tipificados na lei, expressa ou indiretamente[156].

Os adeptos desse entendimento "positivista" consideram que os delitos omissivos impróprios, quando tipificados, pertencem à espécie dos crimes de omissão própria, neutralizando, assim, as suas características específicas.

5.2.3 Critério tradicional

O critério mais utilizado para diferenciar a omissão própria da imprópria leva em consideração o resultado como elemento essencial do fato ilícito[157].

Partindo da premissa de que todos os crimes são dotados de um evento jurídico, de lesão ou perigo de lesão ao bem jurídico, mas que só alguns delitos têm um resultado material ou evento exigível no momento da consumação do crime, os delitos de omissão imprópria são materiais ou de resultado. Isto porque, nesses crimes, o resultado deve ser entendido como o não impedimento do evento lesivo pela ação devida, e que foi omitida[158].

Ao contrário, nas omissões próprias, ainda que toda norma tenha um âmbito de proteção e o impedimento de um resultado seja, na maior parte dos casos, a *ratio* do preceito, não se exige, segundo a descrição típica do delito consumado, nenhum resultado externo de dano ou de perigo.

Esse critério mostra-se coerente com a estrutura e peculiaridades da omissão imprópria, e fornece elementos claros para a

---

155 Marta Felino Rodrigues, *A teoria...*, op. cit., p. 18.
156 O Código Penal brasileiro tipifica indiretamente a omissão imprópria por meio da subsunção ao tipo que descreve o resultado vedado pela lei a uma das situações das alíneas do § 2º do art. 13, que tratam do dever de agir.
157 No Brasil esse critério é utilizado, entre outros, por Aníbal Bruno e Heleno Fragoso. Aníbal Bruno. *Direito Penal*. Rio de Janeiro: Forense, 1967, p. 219-220. Heleno Cláudio Fragoso. *Lições de Direito Penal* [parte geral], 5ª ed., Rio de Janeiro: Forense, 1983, p. 233.
158 Marta Felino Rodrigues, *A teoria...*, op. cit., p. 19-20.

visualização da separação dicotômica entre *omissão própria* e *omissão imprópria*.

As exceções existentes ou que venham a surgir, exatamente por envolverem um desvio da regra, devem ser tratadas em conformidade com suas características[159].

6. A omissão no Direito penal comparado

Significativo número dos códigos penais elaborados no século XIX e início do século XX fez menção expressa à omissão como forma possível de conduta delitiva.

Durante o período em que, graças à forte influência da formação hegeliana dos penalistas, a essência do delito residia na imputação moral da responsabilidade, não existiam especiais problemas para fundamentar a imputação de resultados lesivos de bens jurídicos a certas omissões[160].

No entanto, com o surgimento do causalismo naturalista, a essência de todo crime passou a situar-se em um movimento corporal produtor de uma modificação no mundo exterior.

Com base nessa conversão sobre a maneira de analisar o fato delituoso, aliado aos questionamentos surgidos a partir dos estudos de Heinrich Luden em 1840, as menções à omissão contidas na parte geral dos códigos penais, indicativas apenas de possibilidade de conduta, não mais foram capazes de dar solução às constantes e crescentes dúvidas que emergiam.

A doutrina ainda tentou, de várias maneiras, encontrar em determinadas omissões o mesmo movimento corporal dotado do elemento da causalidade natural, relacionando-as com as formas comissivas de ação.

---

159 Sheila Bierrenbach, *Crimes...*, op. cit., p. 25. "*O delito previsto no art. 164 do Código Penal não se ajusta a nenhuma das classificações mencionadas, podendo ser qualificado como crime de omissão e resultado*".
160 Jesús-Maria Silva Sánchez, *El delito...*, op. cit., p. 467-468.

O fracasso dessas tentativas acabou por gerar outras teorias, acompanhadas de exigências de modificações nas diversas legislações penais.

O grande problema, entretanto, sempre residiu nas "omissões impróprias", também denominadas "omissões por comissão", uma vez que, tanto nos crimes comissivos quanto nos omissivos próprios, a lei normalmente estabelece expressamente determinado comportamento e a decorrente sanção penal para a sua desobediência.

A partir dessa perspectiva geral e superficial é possível averiguar o tratamento dispensado por alguns países aos delitos omissivos.

6.1 A omissão no Direito penal português

Durante o período do causalismo naturalista, a doutrina penal portuguesa fez opção pelas teorias compatíveis com aquela filosofia.

Assim, adotou para as hipóteses dos crimes omissivos impróprios, como possíveis fundamentos do dever jurídico de impedir o resultado, a lei, a ordem de autoridade, um ato jurídico e um dever de ordem geral sancionado pela lei[161].

Com essa visão restrita, Portugal e os demais estados que se alinharam à mesma posição formal continuaram a assistir a situações de verdadeiras impunidades.

Atribui-se a José Beleza dos Santos, em meados da década de cinquenta do séc. XX, a introdução na doutrina penal lusitana a respeito do assunto, o entendimento de que, a par do dever jurídico de agir para impedir o resultado, existe a obrigação que deriva de um supradireito, ou seja, de um direito natural e, ainda, a obrigação moral, mas que deve integrar-se ao direito criminal[162].

---

161 Maria do Céu R. Negrão. *Sobre a omissão impura no actual Código penal português e em especial sobre a fonte do dever que obriga a evitar o resultado*. Lisboa: Minerva, 1986, p. 43.
162 Ibid., p. 43.

Com essa inovação, José Beleza dos Santos[163], em determinadas hipóteses em que não existe uma obrigação jurídica em sentido estrito equipara a omissão à ação, dando o exemplo: O indivíduo A vai na estrada por onde segue um outro, B, que, por ser cego, vai precipitar num abismo onde morrerá inevitavelmente; apesar disso e do conhecimento da cegueira de B, A nada faz para o salvar, mesmo podendo fazê-lo sem risco da própria vida. A pergunta que se faz é: "deixaremos de punir A como autor de um homicídio por não haver uma obrigação jurídica de agir consagrada expressamente na lei?" A resposta negativa é dada pelo próprio doutrinador – "a solução mais justa" – é um reflexo da tendência eticizante do Direito penal.

Até então não havia dúvida em Portugal de que a não prestação de assistência por A tratava-se de uma omissão não punível, pois ainda não constava da legislação penal daquele país o dever de assistência[164].

Apesar da novidade doutrinária trazida por José Beleza dos Santos, o Direito português, no trato da omissão imprópria, permaneceu assentado na tradicional trilogia: "lei", "contrato" e "conduta anterior de onde resulta o perigo da produção do resultado".

Somente depois de ultrapassada mais de uma década da segunda metade do século XX é que surgem em Portugal, por obra de Souza Brito e Jorge de Figueiredo Dias, propostas de nova visão sobre a posição do garante perante a lei penal.

Para Souza Brito, ao contrário da doutrina dominante no período, a fonte de obrigação do garante não residia no dever legal de agir, mas sim na particular ligação daquele ao bem jurídico ameaçado ou à fonte do perigo que ameaçava o referido bem. Por um lado, existiam os deveres de proteção de certos bens jurídicos, fosse qual fosse a fonte de perigo, que é o caso dos pais, tutores,

---

163 *Apud* Marta Felino Rodrigues, *A teoria...*, op. cit., p. 66.
164 *Ibid.*, p. 66. Informa a autora que a criminalização do dever genérico de auxílio é uma novidade do CP português de 1982 – art. 219º (atual art. 200º, com a redação introduzida pela revisão de 1995).

guardiões, dentre outros. Por outro lado existiam os deveres de proteção relativamente a uma certa fonte de perigo, fosse qual fosse o bem jurídico concretamente ameaçado, por domínio ou controle de fontes normais de perigo, como acontece com o guarda de passagem de nível.

Jorge de Figueiredo Dias apresenta como fundamento da equiparação do desvalor da omissão ao da ação, e do próprio dever de garantia, a "valoração ético-social autônoma", isto é, a "proximidade existencial do 'eu' do 'outro'", baseado no princípio dialógico do "ser-com-o-outro" e "ser-para-o-outro", na virtude cristã da "caridade" e "amor ao próximo".

Nesse contexto, a lei, o contrato e ingerência não passam de fundamentos positivos em respeito às exigências da segurança jurídica do princípio da legalidade.

À luz das ideias de Jorge de Figueiredo Dias, na interpretação da apontada trilogia, *a lei* dá espaço às "relações fáticas entre aquele sobre quem a lei faz recair um dever de garante e o bem jurídico respectivo"; *o contrato* à "aceitação fática de uma relação de confiança com reflexo em um contrato", e, por fim, a admissão da *ingerência* passa por uma relevância positiva em face de uma filtragem depurada pela verificação de um perigo, criado pelo agente e adequado à realização do tipo, e pela existência do dever que o agente tem de evitar os perigos previsíveis do atuar precedente, ainda que lícito.

Esse autor apresenta, ainda, duas outras fontes gerais do dever de garante: "comunidade de vida" e as "posições de senhorio ou de domínio", criadas de forma a acolherem as "posições de monopólio" do controle ou impedimento do perigo.

Numa classificação também funcional, Germano Marques da Silva subdivide as posições de garante em: "posição de proteção" e "posição de controle". A primeira tem a finalidade de preservar determinados bens jurídicos de todos os perigos que possam ameaçar sua integridade. A segunda tem por fim estancar determinadas fontes de perigo, como meio de preservar todos os bens jurídicos que possam ser atingidos.

Para este autor, tanto a "posição de proteção" quanto a "de controle" podem ser divididas em "originárias" e "derivadas".

As posições de garantia originárias recaem sobre determinados sujeitos em razão de sua posição especial. As de garantia derivadas são adquiridas por meio de atos privados, passando do titular da posição de proteção ou controle para um terceiro, por meio de um ato de transferência negocial.

É o que ocorre quando os pais transferem o dever de garantia a uma babá enquanto estão fora de casa[165].

Nessa pequena retrospectiva sobre o tratamento dado às omissões, e principalmente à omissão imprópria, pela doutrina penal portuguesa, já é possível detectar o esforço dos autores por encontrar uma saída para a questão, que ao mesmo tempo garanta a segurança jurídica, impedindo eventual arbítrio do julgador, assegure a possibilidade de serem sancionados penalmente todos os casos de evidente contrariedade ao sistema criminal ou lesione bens jurídicos protegidos por esse sistema.

Já no terreno normativo, em uma linha próxima da maioria dos países que fizeram opção pelo direito positivo, a codificação moderna portuguesa, datada de 1886, trazia em sua parte geral apenas a referência genérica sobre a possibilidade de crimes serem praticados por omissão[166].

Desde então, até 1982, quando o Código Penal português foi integralmente substituído, nenhuma alteração ocorrida no período havia se preocupado com os crimes omissivos impróprios.

Já o Código Penal substituto inovou, equiparando juridicamente a omissão à ação[167], ampliando, assim, a incriminação da primeira.

---
165 Marta Felino Rodrigues. *A teoria...*, op. cit., p. 66-73. Todo material deste item a partir da nota 163 até esta parte, foi extraído desta mesma autora.
166 Francisco Orts Alberdi. *Delitos...*, op. cit., p. 18, *transcreve os artigos 2º e 5º do Cod. Penal português de 1886: "O castigo da negligencia, nos casos especiais determinados na lei, se fundam na omissão voluntária de um dever"* e *"nenhum fato, consista em ação ou omissão pode ser julgado criminal sem que uma lei anterior o qualifique como tal"*.
167 Carmo Antonio de Souza. *Fundamentos...*, op. cit., p. 49-50.

A fórmula utilizada para a equiparação foi a da criação de um tipo genérico na parte geral do Código Penal que funciona como uma norma acessória das normas penais da parte especial. Assim todos os crimes que normalmente podem ser praticados pela forma comissiva se transformam em crimes omissivos impróprios se a conduta na prática for esta. Tem-se, no caso, uma tipificação indireta:

1º) Quando um tipo legal de crime compreender um certo resultado, o fato abrange não só a ação adequada a produzi-lo como a omissão da ação adequada a evitá-lo, salvo se outra for a intenção da lei;
2º) A comissão de um resultado por omissão só é punível quando sobre o omitente recair um dever jurídico que pessoalmente o obrigue a evitar esse resultado (tendo havido alteração pelo Decreto-Lei n. 48/95, mas a reforma de 1998, pela Lei n. 65, retomou a versão acima).

Construção legislativa que sofreu críticas de Suzana Huerta Tocildo[168], por entender que, mesmo se admitindo a possibilidade de uma norma proibitiva de fazer, poder ser infringida por uma omissão, seria impossível retirar da mesma norma uma proibição geral da prática de certa conduta e um mandato dirigido apenas a alguns (os garantes) para conservarem o bem jurídico tutelado.

6.2 A omissão no Direito penal alemão

As primeiras explicações em torno da omissão no Direito penal moderno foram dadas exatamente pela doutrina alemã, e sempre com o naturalismo.

---

168 *Problemas fundamentales de los delitos de omision*. Madrid, Ministério de Justicia: Centro de Publicaciones, 1987, p. 67.

Ao doutrinador Heinrich Luden[169] atribui-se a primeira teoria de perspectiva causal-naturalista como critério essencial de imputação, com o abandono das teses hegelianas.

Com ele, outros autores, influenciados pelas ciências empíricas, conscientes da ausência de uma causalidade natural na "omissão em si", tratam de buscar uma fórmula que permita afirmar que o resultado é causado em determinados casos de omissão[170].

Heinrich Luden[171] é também o autor da ideia que traduziu a essência dos delitos de "omissão própria" como sendo unicamente uma infração de um mandato, e não se dirigiam à ofensa de direitos subjetivos alheios, enquanto os delitos cometidos por "omissão imprópria" dirigiam-se à lesão de um bem jurídico. Foi quem, pela primeira vez, diferenciou delitos próprios de delitos impróprios de omissão.

Ernest von Beling[172], também na Alemanha, reconhecido como um dos maiores representantes do naturalismo no Direito penal, defendeu a tese difundida pelo mundo de ser a "omissão em si" uma inatividade corporal voluntária, em contraposição à ação, a qual definiu de movimento corporal voluntário.

Deve-se a Ernest von Beling, também, a distinção entre conceito e conteúdo da ação, incluindo-se a omissão. Para essa teoria, o conteúdo determina-se no tipo. O conceito vem antes.

No esquema de Ernest von Beling, a distinção entre delitos comissivos e omissivos não tem relação com a existência de um atuar positivo ou uma inatividade, sendo o papel da "omissão em si" de quase nenhuma relevância.

Sob o mesmo marco do naturalismo, surge com Franz von Liszt[173] uma concepção transitiva de omissão, que deixa de ser

---

169 Cf. item 2.2. deste Capítulo.
170 Jesús-Maria Silva Sánchez. *El delito...*, op. cit., p. 8-9.
171 *Apud* Carmo Antônio de Souza. *Fundamentos...*, op. cit., p. 10.
172 *Apud* Jesús-Maria Silva Sánchez, *El delito...*, op. cit., p. 25-26.
173 *Ibid.*, p. 13.

entendida como um "não fazer nada" indefinido para se tornar um "fazer de outro modo", definido, de caráter positivo.

Também deste ciclo destacam-se as ideias de Gustav Radbruch[174], 1904, de contraposição à ação, baseada nas noções de vontade, causalidade e fato, e a omissão, baseada na negação de todos esses elementos.

No entanto, foram tantas e de tantos matizes as teorias sobre a omissão propostas na Alemanha dos séculos XIX e XX, mormente sobre a omissão imprópria e sua equiparação com os delitos omissivos, que Suzana Huerta Tocildo[175], com base em Armin Kaufman, propôs a sua divisão em três grandes grupos.

Primeiro Grupo:

a) *Teorias que fundamentam a equiparação entre ação e omissão na existência de um dever jurídico,* e sustentadas por Paul Johann A. von Feuerbach, Spangenberg e Cristoph Carl Stübel, sendo que todos desconheciam a distinção entre omissão própria e imprópria, e fundamentavam-lhe a responsabilidade da mesma no descumprimento de um dever jurídico;

b) *Teorias causais,* que se subdividem, segundo Tocildo, em três linhas metodológicas:

b.1.) *Teorias da ingerência,* construídas por Heinrich Luden, A. Krug, Julius Glaser e Paul Merkel, tinham em comum o afastamento da omissão como causa do resultado. Heinrich Luden apontou para causa do evento não evitado a ação coetânea do omitente, ou seja, quem omite está, ao mesmo tempo, fazendo algo diverso, e é esta conduta ativa a causa do resultado típico. A. Krug, Julius Glaser e Paul Merkel apontaram para causa do resultado uma ação precedente;

---

174 *Apud* Jesús-Maria Silva Sánchez, *El delito...,* op. cit., p. 78.
175 *Problemas...,* op. cit., p. 25-73. Segue a mesma orientação: Sheila Bierrenbach, *Crimes...,* op. cit., p. 28-39, de onde foram tiradas algumas observações.

b.2.) *Teorias causais da interferência* que, assim como as teorias da ingerência, procuram, na causalidade, a base da responsabilidade penal pelo resultado não evitado, foram apresentadas por Karl Binding e Maximilian von Buri. Eles situavam a causalidade na omissão, importando para o primeiro o dever de atuar de maneira positiva do sujeito na posição de garante, evitando o evento. Para Maximilian von Buri, a causalidade tem origem no descumprimento de um dever legal de evitar o resultado, que cumpre a determinadas pessoas pelo fato de terem atuado perigosamente;

b.3.) *Teorias normativas da causalidade,* tendo por representantes Ludwig von Bar, W. von Rohland e J. Kohler, pretendem demonstrar uma concepção normativa da causalidade, uma causalidade jurídica, afastada da simples concepção ontológica.

Segundo Grupo:

c) Que buscam na equivalência dos injustos do delito comissivo e do omissivo impróprio o fundamento da equiparação:

c.1.) *Teorias do dever jurídico-formal,* que não discutem a causalidade da omissão, já que, para seus adeptos, integra o "tipo proibitivo de causar". A antijuridicidade da omissão, equiparável à da comissão, caracteriza-se pela contrariedade a um dever que supõe a não realização da ação esperada;

c.2.) *Teoria da antijuridicidade material,* defendida por W. Sauer e S. Kissin, que reconheceram, pela primeira vez, situar-se em sede de injusto material todo o questionamento que envolve a equiparação entre comissão e omissão imprópria. Consideram que a ação e a omissão são típicas, e realizando um tipo proibido de causar, são também antijurídicas, sob a ótica da antijuridicidade formal. Quanto à antijuridicidade material, acreditam que ela pressupõe que a omissão viole um especial dever de atuar. Para Sauer, a não evitação de um resultado típico só será materialmente antijurídica quando, segundo sua tendência geral, produzir mais dano que utilidade ao Estado e a seus membros.

Terceiro Grupo:

d) Essas teorias fazem um caminho de volta aos entendimentos de que a criminalização da omissão imprópria fundamenta-se na realização do tipo da Parte Especial. A não evitação do resultado é punida a título de comissão por omissão por completar o tipo descrito na Parte Especial, mesmo que aparentemente a norma proíba apenas a causação efetiva do resultado. A responsabilização deverá recair sobre o omitente que tinha a posição de garante, e irá responder a título de comissão por omissão. Schaffstein entende que a omissão só será considerada típica, no sentido do resultado, se o omitente, além de ter infringido o dever de atuar, e dado causa ao resultado, possa também ser considerado autor, equiparado, assim, ao autor em sentido estrito do correspondente delito comissivo. Para essa equiparação, Schaffstein segue alguns critérios, como o da "atuação precedente perigosa" e "proximidade do omitente com o bem jurídico protegido". Dahm busca dar resposta à questão com soluções tanto na Parte Geral como na Parte Especial. Para ele, a referência ao tipo de autor serve tanto de orientação para decidir a equiparação entre fazer e omitir quanto para estabelecer o conteúdo do dever jurídico. Tem que o desenvolvimento da ideia do tipo de autor e a questão da equiparação situam-se tanto nos concretos tipos de injusto quanto na teoria geral do injusto e do dever.

d.1.) *A teoria do garante de Johannes Nagler* inova, utilizando-se da posição de garantia para igualar as tipicidades do delito comissivo e de certas omissões. Apresenta solução, em sede de tipicidade, sobre o problema da equiparação, indicado por seus antecessores como localizado na antijuridicidade e na causalidade. As posições de garante para Johannes Nagler têm como fontes as de orientação formal: a lei, o negócio jurídico e o atuar precedente.

Embora não tenham sido apenas os doutrinadores aqui citados os únicos responsáveis pelo desenvolvimento da riquíssima dogmática alemã a respeito da omissão, e mais especialmente da omissão imprópria, como já se viu em itens anteriores[176], afirma-se[177] que, com a teoria de Johannes Nagler, estaria encerrada, ao menos provisoriamente, a evolução histórico-dogmática em torno da equiparação entre a causação do resultado por meio do atuar positivo e sua não evitação.

No entanto, são tantas as teorias a respeito do assunto que já levaram Hans Welzel[178] a afirmar que a imprecisão sobre a dogmática da omissão está ocasionando a conversão da comissão por omissão no que ele chamou de "uma mancha de azeite" em expansão, pois fica cada vez mais difícil precisar com exatidão quando se está diante de uma conduta omissiva penalmente relevante ou não.

Na doutrina alemã atual tem prevalecido a concepção de ausência de contornos entre as fronteiras da ação e da omissão.

Uma maior preocupação com o exame dos casos concretos aliado à evolução tecnológica, que alterou muitos comportamentos humanos, fizeram surgir novas orientações teóricas voltadas para a valoração da ação em sentido *lato*.

---

176 Cf. itens 2.2 a 2.6 deste Capítulo.
177 Sheila Bierrembach. *Crimes...*, op. cit., p. 39.
178 *Apud* Carlos Parma. *El pensamiento...*, op. cit., p. 284.

Como já apontado[179], essas novas tendências giram em torno das modernas construções dogmáticas de Claus Roxin e Günther Jakobs. O primeiro com a proposta de um conceito de ação fundado na manifestação da personalidade, que tem como o elemento estrutural capaz de abranger todos os tipos de ações, até mesmo as omissivas. O segundo, com a apresentação de um conceito de ação como causação do resultado individualmente evitável. Ambos seguidores da teoria funcionalista, acreditam em um conceito amplo de ação, e embora por caminhos não coincidentes, constroem e divulgam modelos de imputação objetiva, assunto da primeira ordem no debate da ciência penal na Europa.

Na esfera normativa, a Alemanha também se antecipou em relação à criação e inserção de um artigo na parte geral do Código Penal, dando tratamento à omissão nos seguintes termos:

> § 13. Quem deixa de impedir um resultado que integra o tipo de uma lei penal será punido segundo esta lei, sempre que juridicamente era responsável pela evitação do resultado e quando omitir corresponda à realização do tipo legal mediante agir.

Esse preceito, elaborado durante um longo processo de reforma penal alemã, e concluído em 1969, só entrou em vigor em 1975; nasceu em um período em que, teoricamente, a equiparação entre ação e omissão mostrava-se por uma perspectiva *axiológica*, caminhando pelo plano do simples merecimento de pena, e de uma concepção da omissão imprópria como mera omissão qualificada em função de uma especial intensidade de dever, hoje denominado dever de garante.

6.3 A omissão no Direito penal espanhol

Tanto na doutrina quanto na legislação, a evolução da figura da omissão imprópria na Espanha, onde é mais conhecida por comissão por omissão, em nada coincide com a história da mesma figura na Alemanha.

---

179 Cf. itens 1.8.2 e 1.8.3 deste Capítulo.

Uma das teses tradicionais sobre o tema na Espanha manifestava-se contrária à sanção da omissão de um modo geral, com exceção dos raros casos em que o legislador fazia previsão específica, em dispositivos da parte especial do Código Penal, entendendo qualquer interpretação extensiva do termo "ação", como inadmissível[180].

Em época mais moderna, começou a predominar entre os penalistas espanhóis o entendimento sobre a possibilidade de punição por omissão a partir dos tipos da parte especial do código, mesmo quando não especificada expressamente esta modalidade de conduta.

A jurisprudência passou, também, a aceitar, com maior frequência, a figura dogmática da comissão por omissão[181].

Nas recentes teorias deste país sobre o assunto, detectam-se pelo menos três entendimentos diferentes:

a) os que, referindo-se ao Código anterior da Espanha, que não tratava dos delitos omissivos, diziam não ser possível sancionar os casos de comissão por omissão com as penalidades dos tipos da parte especial, pois, do contrário, estar-se-ia usando da analogia contra o réu, com infringência ao princípio da legalidade. Propunham a criação de tipos específicos de comissão por omissão nos casos em que se entendesse necessário;

b) os que, concordando em parte com a tese anterior, propunham a inclusão na parte geral do Código de um artigo que reconhecesse, de modo genérico, a possibilidade de se cometer os crimes tipificados na parte especial por omissão imprópria, ou como denominam, comissão por omissão;

c) os que entendiam que o padrão do Código derrogado era perfeitamente sustentável diante do princípio da legalidade, e que nem a tipificação expressa na parte especial

---

180 Jesús-Maria Silva Sánchez. *Consideraciones...*, op. cit., p. 81.
181 *Ibid.*, p. 82.

nem a inclusão de artigo genérico na parte geral do Código Penal eram necessárias, podendo até trazer mais inconvenientes que vantagens[182].

A polêmica na doutrina tinha residência no fato de o Código Penal espanhol, datado de 1944, não dispor expressamente sobre os delitos omissivos, limitando-se a declarar que eram delitos ou faltas as ações e omissões voluntárias punidas por lei.

Nem mesmo a reforma ocorrida em 1983, necessária à adaptação do Código Penal à Constituição espanhola, incluiu qualquer disposição a respeito da omissão imprópria, como já havia acontecido, nesse tempo, com as reformas penais de Portugal e Alemanha[183].

Somente em 1995 se introduziu na legislação penal espanhola, com a redação de um artigo na parte geral do Código Penal, tratamento claro aos delitos de comissão por omissão, com a seguinte disposição:

> Art. 11. Os delitos ou faltas que consistam na produção de um resultado só se entenderão cometidos por omissão quando a não evitação do mesmo, ao infringir um especial dever jurídico do autor, equivalha, segundo o sentido do texto ou da Lei, a sua causação. A tal efeito se equiparará a omissão à ação:
>
> a) quando exista uma específica obrigação legal ou contratual de atuar;
> b) quando o omitente haja criado uma ocasião de risco para o bem jurídico protegido mediante uma ação ou omissão precedente.

A construção legislativa, bem acolhida pelos doutrinadores[184], além de trazer os elementos essenciais ao reconhecimento da omissão pura: a) situação típica; b) ausência de ação determi-

---

182 Jesús-Maria Silva Sánchez. *Consideraciones...*, op. cit., p. 82-84.
183 Cf. itens 6.1 e 6.2. deste Capítulo.
184 Jesús-Maria Silva Sánchez, *Consideraciones...*, op. cit., p. 74: "Segundo uma primeira impressão, parece que a valoração da decisão adotada pelo Legislador de 1995 havia de ser positiva".

nada; c) capacidade de realizá-la; que também integram o tipo da comissão por omissão, veio completada com a presença de outros três elementos necessários à imputação objetiva: a *posição de garante*, a *produção de um resultado* e a *possibilidade de evitá-lo*.

Segundo a doutrina,[185] a posição de garante deve integrar obrigatoriamente a situação típica (a) dos delitos de comissão por omissão não expressamente tipificados. A ausência de ação determinada (b) deve ser seguida da produção de um resultado. A capacidade de ação determinada (c) deve compreender a capacidade de evitar o referido resultado.

Santiago Mir Puig[186] afirma que à ideia central de posição de garante devem se juntar outras duas: a) a criação ou aumento, em um momento anterior, de um perigo atribuído ao seu autor; b) que tal perigo determine, no momento do fato, uma situação de dependência pessoal do bem jurídico em relação ao seu causante.

O pensamento de Santiago Mir Puig, envolvendo na doutrina dos crimes comissivos omissivos a teoria da criação ou aumento do risco imputável ao agente, que se torna pessoalmente obrigado a evitar que o risco se converta em lesão, e do controle pessoal pelo omitente sobre a existência ou integridade do bem jurídico colocado em perigo, termina por caracterizar os elementos básicos da teoria da imputação objetiva.

7. A omissão no Direito penal brasileiro
7.1 Código Criminal do Império

Por intermédio de José Frederico Marques[187] tem-se notícia de ter sido Tobias Barreto, ao tecer comentários ao Código Criminal do Império, provavelmente o primeiro penalista brasileiro a

---

185 Santiago Mir Puig. *Derecho...*, op. cit., p. 317.
186 *Ibid.*, p. 319.
187 *Tratado de direito penal*. Vol. II, Campinas: Bookseller, 1997, p. 75.

se interessar pela omissão como conduta capaz de produzir um resultado delituoso.

No campo legal, foi exatamente o Código do Império, de 1830, a primeira legislação penal com vigência no Brasil a mencionar o termo *omissão*[188]. O que fazia em um único artigo:

> Art. 2º Julgar-se-há crime ou delito:
> § 1º Toda ação ou omissão voluntária contrária às Leis penais.

Na obra de Tobias Barreto[189], verifica-se seu posicionamento de ser a omissão simples um delito que independe de resultado, e sua preocupação científica com os delitos comissivos que se cometem por meio de omissão, hoje conhecidos por crimes de omissão imprópria. Quanto a estes, o autor os tinha como uma modalidade de crime comissivo.

Apesar da deficiência da legislação penal brasileira, do período do Império, a respeito da omissão, o certo é que o legislador brasileiro, à época, apenas seguiu uma tendência mundial.

7.2 Código Penal de 1890

O Código Penal brasileiro de 1890, o primeiro Código Penal da República, não inovou em nada quanto ao tratamento da omissão, prevendo apenas: "Art. 2º A violação da Lei penal consiste em ação ou omissão; constitui crime ou contravenção".

Na doutrina, o comportamento não foi diferente, omitindo-se os penalistas nacionais de tratar da matéria, salvo por meio de poucas referências[190].

---

188 Antes do Código Criminal do Império tiveram vigência no Brasil as Ordenações portuguesas: Afonsinas 1500-1514, Manuelinas 1514-1603, Filipinas 1603-1830.
189 Tobias Barreto de Meneses. Dos delictos por omissão. In: *Estudos de direito*. Rio de Janeiro: Laemmert, 1982, p. 180-200.
190 Carmo Antonio de Souza, *Fundamentos...*, op. cit., p. 20: *"Oscar Soares, Severino Ribeiro e Vieira de Araújo nenhuma referência fizeram ao assunto. Galdino Siqueira, Costa e Silva e Bento de Faria dedicaram-lhe pouco mais de uma página"*.

À época, a doutrina definia a omissão como mera inação ou ato negativo, vista assim naturalisticamente[191].

Já para fundamentar a responsabilidade nos crimes de omissão imprópria, exigia-se o dever de atuar, de forma ampla e imprecisa[192].

7.3 Código Penal de 1940

Antes de passar pela reforma integral de sua parte geral, o Código Penal de 1940 tratou da omissão em seu artigo 11 com a seguinte disposição:

> Art. II. O resultado de que depende a existência do crime somente é imputável a quem lhe deu causa. Considera-se causa a ação ou omissão sem a qual o resultado não teria ocorrido.

Como se verifica, em termos de causalidade, essa legislação equiparou de forma expressa a ação e a omissão.

Assim, fundada apenas na causalidade da omissão, e silenciando totalmente em relação ao dever jurídico de evitar o resultado, essa normatização foi apontada como tecnicamente falha por alguns[193] e aplaudida por outros[194]. Os primeiros, por entenderem que competia à lei estabelecer os fundamentos jurídicos do dever de agir; os segundos, por acreditarem que isso seria uma superfetação, já que a lei declarava ser a omissão equivalente à causa.

---

191 Heleno Cláudio Fragoso, Crimes omissivos no direito brasileiro. In: *Revista de Direito Penal e Criminologia*, n. 33, Rio de Janeiro: Forense, 1982, p. 42.
192 *Ibid.*, p. 42.
193 Heleno Cláudio Fragoso, *Lições...*, op. cit., p. 237 e Paulo José da Costa Júnior *Apud* E. Magalhães Noronha. *Direito Penal*. Vol. 1, 11ª ed., São Paulo: Saraiva, 1974, p. 111, nota 2.
194 Nelson Hungria. *Comentários ao código penal*. Vol. I, Tomo II, 5ª ed., Rio de Janeiro: Forense, 1977, p. 69-74 e E. Magalhães Noronha. *Direito...*, op. cit., p. 111.

7.4 Código Penal vigente

Com a ampla reforma, em 1984, da parte geral do Código Penal brasileiro, a omissão passou a ser tratada no artigo 13 e § 2º do diploma modificado, que dispõe:

> Art. 13. O resultado, de que depende a existência do crime, somente é imputável a quem lhe deu causa. Considera-se causa a ação ou omissão sem a qual o resultado não teria ocorrido.
> § 1º [...]
> § 2º A omissão é penalmente relevante quando o omitente devia e podia agir para evitar o resultado. O dever de agir incumbe a quem:
> a) tenha por Lei obrigação de cuidado, proteção e vigilância;
> b) de outra forma, assumiu a responsabilidade de impedir o resultado;
> c) com seu comportamento anterior, criou o risco da ocorrência do resultado.

Como se depreende da norma, vigora hoje no Brasil, quanto à omissão, uma lei de caráter híbrido, já que o *caput* do artigo 13, acima transcrito, repetiu a redação do Código reformado, mantendo assim a postura naturalista, ao passo que o respectivo § 2º, em vigor, adota um critério normativo.

O desencontro na técnica legislativa é atribuído exclusivamente a questões de votação de emendas no Congresso Nacional, sem nenhuma explicação de caráter científico sobre o assunto[195].

Ressalte-se, contudo, que a despeito das imperfeições de ordem técnica, e críticas feitas à formula adotada pelo legislador de 1984 no trato da omissão[196], houve um avanço no sistema penal brasileiro com a introdução clara da figura da omissão imprópria na legislação.

O importante é ressaltar que, atualmente, no Brasil, a adequação típica dos delitos omissivos impróprios é feita por meio

---

195 Carmo Antônio de Souza. *Fundamentos...*, op. cit., p. 28.
196 Cf. item 7.5 deste Capítulo.

da combinação da figura criminal descrita na parte especial com uma das alíneas do § 2º do artigo 13 do Código Penal, contendo pois, assim como o Código Penal espanhol, os elementos necessários para acolher a teoria da imputação objetiva: a *posição de garante*, a *produção de um resultado* e a *possibilidade de evitá-lo*.

7.5 Posição doutrinária

Foi visto que antes de o legislador penal brasileiro de 1984 reformar a parte geral do Código Penal, nunca tinha havido menção expressa a respeito da omissão imprópria no Direito positivo com vigência no país[197].

A novidade, no entanto, como já se adiantou, veio acompanhada de críticas. A primeira delas diz respeito à convivência no mesmo artigo de lei de um critério *mecanicista* ou *naturalista* (*caput* do art. 13) e de outro *normativo* (§ 2º), o que não agradou a diversos autores e fez com que a fórmula fosse taxada de incongruente[198].

Outra crítica refere-se à enumeração legal das hipóteses em que o omitente é obrigado a agir, constante nos três incisos do § 2º do mesmo art. 13, que foi acusada de "insuficiente, de linhas imprecisas e contornos dúbios"[199], capaz de colocar em risco a liberdade do cidadão, já que o preenchimento do tipo comissivo por omissão fica entregue ao inteiro talante do juiz[200].

---

197 O Código Penal de 1969, instituído pelo Decreto-Lei nº 1.004, de 21/10/1969, e que nunca chegou a entrar em vigor, trazia disposição quase idêntica à do § 2º do art. 13 do atual Código Penal brasileiro. Já o Código Penal Militar, colocado em vigor pelo Decreto-Lei nº 1.001, também de 21/10/1969 traz disposição semelhante.
198 René Ariel Dotti, *Apud* Eduardo Silveira Melo Rodrigues. Relevância causal da omissão. In: *Revista Brasileira de Ciências Criminais*. São Paulo: Revista dos Tribunais, Vol. 14, 1996, p. 149-165. No mesmo sentido Carmo Antônio de Souza, *Fundamentos...*, op. cit., p. 54.
199 Paulo José da Costa Júnior. *Nexo Causal*. 2ª ed., São Paulo: Malheiros, 2004, op. cit., p. 132.
200 *Ibid.*, p. 132.

Sugestão oferecida pelos críticos para deter o arbítrio judicial, e assim procurar evitar qualquer arranhão ao princípio da legalidade, consiste na explicitação dos tipos penais que comportem a forma omissiva imprópria, como ocorre hoje com os crimes culposos[201]. Segundo essa posição, dever-se-ia introduzir na parte geral do Código Penal cláusula que conste que a omissão imprópria só será punida em casos expressos na parte especial[202].

Assim, como se depreende da atual posição da dogmática brasileira, e embora conste no artigo referente à causalidade, o crime omissivo impróprio exige, para sua tipificação, que se concretize, como antecedente da análise típica, a posição de garantidor, uma das hipóteses do referido § 2º do artigo 13 do Código Penal.

De outro lado, apesar de o assunto preocupar a doutrina, não são frequentes os julgados encontrados na jurisprudência que tratam especificamente da omissão imprópria.

Podemos, entretanto, antecipar que o tema omissão – quer no aspecto da omissão própria, ou pura, quer na imprópria, ou nos crimes comissivos por omissão – tem um direcionamento adequado quando se toma a imputação objetiva como instrumento de análise da posição de garantidor. Esta conjugação, objeto deste estudo, será desenvolvida nos próximos capítulos.

---

201 Paulo José da Costa Júnior. *Nexo Causal*. 2ª ed., São Paulo: Malheiros, 2004, op. cit., p. 133.
202 Alcides Munhoz Neto, Os crimes omissivos no Brasil. In: *Revista de Direito Penal e Criminologia*. Rio de Janeiro: Forense. Vol. 33, 1982, p. 22-31.

Capítulo 2

RELAÇÃO DE CAUSALIDADE E IMPUTAÇÃO OBJETIVA

1. Considerações iniciais

A causalidade é um fenômeno de interesse de todas as formas do conhecimento humano.

Até mesmo do ponto de vista teológico, que acolhe o enfoque da *causa suprema*, e por vezes do *determinismo* oriundo do *todo* universal, para justificar a participação do homem na causalidade segundo o seu comprometimento com o místico, o tema desperta curiosidade, questionamentos e investigações.

No campo da Física, Isaac Newton (1642-1727) elaborou regras acerca da causalidade, sempre com a ideia de "força-impulso" de uma coisa para outra. Por uma "força", a teoria de Isaac Newton entende como algo que provoca ou ao menos tende a provocar uma modificação no estado das coisas, ou seja, produz algum acontecimento distinto[1].

Ainda na área de estudo da Física, conhece-se hoje o desenvolvimento da física quântica, que investiga os fenômenos das ondas e partículas no campo atômico e que chegou à hipótese, aceita pela maioria dos cientistas, dos processos de os átomos

---
1 Guillermo Julio Fierro. *Causalidad...*, op. cit., p. 55.

não estarem vinculados às relações de causalidade, seguindo apenas as leis da estatística, que só permitem previsões de probabilidade[2].

Na Filosofia, na Psicologia, na Sociologia e outras áreas, o tema é tratado por variadas fórmulas e métodos[3].

No Direito penal, a causalidade encontra-se vinculada ao princípio da materialidade ou exterioridade da ação, pois somente a ação externa está em condições de produzir uma modificação no mundo exterior com qualidade de lesão. A exteriorização da conduta penal é um pressuposto da lesividade ou danosidade do resultado, que, por sua vez, caracteriza-se por um outro fato externo distinto da conduta[4].

Portanto, em princípio, só é possível falar em causalidade na área penal nos chamados delitos de resultado material ou externo, apuráveis no mundo real, e que sejam abrangidos pelo tipo.

Adianta-se, desde logo, que no Direito penal, para a investigação da causalidade natural nos delitos com resultado, não se exige das outras ciências mais do que conhecimentos básicos das Leis de Newton.

Por isso, a preocupação maior sobre o assunto deve estar voltada ao estudo das teorias da causalidade jurídico-penal, cuja tarefa é estabelecer um elo de sentido entre a ação do autor e o resultado típico produzido por ela. As teorias causais jurídico-penais suscitam a pergunta de quando a conexão entre a ação e o resultado é daquelas sobre as quais se pode fundar a responsabilidade penal do autor[5].

Entretanto, o fato de as tradicionais teorias alinhadas ao dogma causal não conseguirem satisfazer, sob o aspecto prático, todos os casos de interesse do Direito penal no denominado mun-

---

2 Claus Roxin. *Derecho...*, op. cit., p. 346.
3 Guillermo Julio Fierro. *Causalidad...*, op. cit., p. 28-92.
4 Luigi Ferrajoli. *Derecho y razon:* teoria del garantismo penal. Madri: Trotta, 2001, p. 480.
5 Maria Gabriela Lopez Iñiguez. *Teoria de la imputación objetiva en el derecho penal actual.* Buenos Aires: FD, 1999, p. 41.

do globalizado, tem determinado a busca de sua complementação pela imputação objetiva[6].

A análise dessas teorias, incluída a da imputação objetiva, põe a descoberto questões teóricas e práticas que afloram no mundo do Direito penal e que necessitam de respostas convincentes diante da nova sociedade complexa que ele serve.

2. Teorias jurídicas da causalidade

Inúmeras teorias sobre a causalidade tentam, na ciência penal, dar respostas às dificuldades sobre o tema.

Entretanto, como já se adiantou, por não corresponderem às expectativas de um Direito penal que deve servir à nova sociedade complexa de um mundo globalizado, essas teorias têm sido complementadas pela teoria da imputação objetiva.

Assim, entre as variadas teses formuladas em relação ao assunto causalidade em matéria penal, três delas continuam, ao lado da moderna imputação objetiva, merecendo atenção dos penalistas, ainda que, em alguns casos, apenas como material de referência para estudos.

São elas: a *teoria da equivalência das condições*, *teoria da causalidade adequada* e *teoria da relevância jurídica*.

2.1 Teoria da equivalência das condições

Nascida das mãos do processualista austríaco Julius Glaser[7], em 1858, essa teoria teve em Maximilian von Buri, a partir da Alemanha da segunda metade do séc. XIX, seu principal expoente.

Essa teoria pretendeu demonstrar a possibilidade de se detectar o nexo causal por meio de um exercício mental em que se

---

6   Antonio Luís Chaves Camargo. *Imputação...*, op. cit., p. 61.
7   *Ibid.*, p. 47. No mesmo sentido: Claus Roxin. *Derecho...*, op. cit., p. 348, e Guillermo Julio Fierro. *Causalidad...*, op. cit., p. 222.

suprime o suposto causador dos acontecimentos. Se, apesar dessa operação hipotética, o resultado subsistir e a série sucessiva de causas intermediárias permanecer a mesma, está claro que o fato e o seu resultado não podem ser atribuídos àquela suposta pessoa. Se ao contrário, com a supressão mental do aparente causador, o resultado não se produzir, então está justificado considerar o evento como efeito da ação daquele que foi mentalmente afastado da cena dos acontecimentos[8].

Acolhido por diversos autores como o criador dessa teoria[9], Maximilian von Buri foi, em verdade, quem a desenvolveu, negando, até, que tenha se baseado nos conceitos sobre causa e condição do filósofo inglês John Stuart Mill (1806-1873)[10], como às vezes se escreve[11].

Consta da literatura jurídica[12] que Maximilian von Buri sempre esclareceu ter buscado inspiração apenas em Julius Glaser e outros como Albert F. Berner e Hugo Hälschner. O que não retira de John Stuart Mill o mérito de ter traçado o antecedente científico-filosófico da teoria da equivalência das condições, ao estabelecer que: *a causa, pois, filosoficamente falando, é a soma das condições positivas e negativas tomadas juntas...*[13]. Se Maximilian von Buri conheceu ou não Stuart Mill, ou sua teoria, não modifica a ordem das coisas.

De qualquer forma, Maximilian von Buri deu outra elaboração à concepção de Julius Glaser sobre a denominada *supressão causal hipotética*, concluindo que só o conjunto total das condições

---

8 Claus Roxin. *Derecho...*, op. cit., p. 348.
9 Maria Gabriela Lopez Iñiguez. *Teoria...*, op. cit., p. 43. Anibal Bruno. *Direito Penal*. Tomo 1, Rio de Janeiro: Forense, nota n. 4, 1997, p. 323. Edgard Magalhães Noronha. *Direito Penal* [parte geral]. Vol. 1, São Paulo: Saraiva, 1974, p. 114.
10 Nesse sentido: Enrique Gimbernat Ordeig. *Apud* Antonio Luís Chaves Camargo. *Imputação...*, op. cit., p. 50.
11 Edgard Magalhães Noronha. *Direito...*, op. cit., p. 114.
12 Guillermo Julio Fierro. *Causalidad...*, op. cit., p. 222.
13 *Apud* Guillermo Julio Fierro. *Causalidad...*, op. cit., p. 70.

do fato, tanto positivas quanto negativas, constitui a causa do resultado. Por sua vez, se o resultado for indivisível, e impossível quantificar de que modo e com que intensidade tenha influído cada uma das condições em sua produção, chega-se à conclusão de que *todas as condições são equivalentes entre si* e, em consequência, qualquer condição considerada é indispensável[14].

Hans Welzel[15] viu nesse método uma fórmula "heurística", baseada em perguntas, que diz: *causa é toda condição que, suprimida mentalmente, tem por efeito que o resultado (em forma concreta) não se produza; "conditio sine qua non"*.

Lembra também Hans Welzel[16] que, para a *omissão*, a teoria pode ser formulada da seguinte maneira: *uma omissão é causal, se acrescentada mentalmente à ação omitida, o resultado se suprime.*

2.1.1 A teoria da equivalência das condições no Direito brasileiro

O Código Penal brasileiro de 1940 adotou expressamente a teoria da equivalência das condições, deixando isso claro já na exposição de motivos[17].

A construção legal do art. 11 do código quarentista também não deixava dúvida quanto à opção de o legislador acolher o critério da *conditio sine qua non* para a solução da causalidade jurídico-penal[18].

---

14 *Apud* Guillermo Julio Fierro. *Causalidad...*, op. cit., p. 223.
15 *Direito...*, op. cit., p. 86.
16 *Ibid.*, p. 86.
17 *Códigos Penais do Brasil*: evolução histórica. José Henrique Pierangelli (coord.), Bauru, SP: Jalovi, 1980, p. 417: "O projeto adotou a *teoria da equivalência dos antecedentes* ou da *conditio sine qua non*. Não distingue entre *causa* e *condição*: tudo quanto contribui, *in concreto*, para o resultado, *é causa*".
18 "Art. 11. O resultado, de que depende a existência do crime, somente é imputável a quem lhe deu causa. Considera-se causa a ação ou omissão sem a qual o resultado não teria ocorrido. Parágrafo único. A superveniência de causa independente exclui a imputação quando, por si só, produzir o resultado; os fatos anteriores, entretanto, imputam-se a quem os praticou".

Opção enaltecida por alguns doutrinadores brasileiros[19] e criticada por outros[20], todos comentaristas dessa legislação ao tempo de sua vigência.

De qualquer forma, cabe destacar o fato de essa construção legislativa ter separado, por meio de conceitos diferentes, a causalidade da culpabilidade, condicionando a solução da causalidade ao espaço restrito do elemento material do delito nos limites da conduta e do resultado.

É certo, entretanto, que o Código de 1940 não adotou por completo a teoria da equivalência, pois abriu uma exceção à causalidade objetiva quando, no parágrafo único do mencionado art. 11, previu a *superveniência de causa independente*, aceita pela doutrina como de independência relativa, dando uma perspectiva temperada à teoria da equivalência.

Com a reforma integral de sua parte geral (Lei nº 7.209/84), o Código Penal vigente dispõe sobre o tema:

> Art. 13. O resultado, de que depende a existência do crime, somente é imputável a quem lhe deu causa. Considera-se causa a ação ou omissão sem a qual o resultado não teria ocorrido.
>
> § 1º A superveniência de causa relativamente independente exclui a imputação quando, por si só, produziu o resultado; os fatos anteriores, entretanto, imputam-se a quem os praticou.
>
> § 2º A omissão é penalmente relevante quando o omitente devia e podia agir para evitar o resultado. O dever de agir incumbe a quem:
> a) tenha por lei obrigação de cuidado, proteção ou vigilância;
> b) de outra forma, assumiu a responsabilidade de impedir o resultado;
> c) com seu comportamento anterior, criou o risco da ocorrência do resultado.

---

19 Nelson Hungria. *Comentários ao código penal*. Vol. I, Tomo I. Rio de Janeiro: Forense, 1977, p. 238. Edgard Magalhães Noronha. *Direito...*, op. cit., p. 115.

20 Galdino Siqueira. *Tratado de Direito Penal* [parte geral]. Tomo I. Rio de Janeiro: Konfino, 1947, p. 259-300. Heleno Cláudio Fragoso. A reforma da legislação penal. In: *Revista Brasileira de Criminologia e Direito Penal*. Ano I, n. 2, 1963, p. 58-59.

Chamam a atenção, desde logo, nessa disposição legal, a manutenção do conceito de causa e o destaque feito pelo legislador em relação à omissão, com referência expressa no *caput* do artigo, ao lado da ação, como uma das formas do comportamento delitivo e, ainda, a dedicação a ela de todo um parágrafo (§ 2º e seus incisos).

Tem-se conhecimento, por meio da doutrina[21], de que o projeto da reforma de 1984 tentou inovar, excluindo do Código Penal o conceito de causa, por entender controvertidas as teorias sobre o assunto. Não tendo, contudo, obtido sucesso, pois tal definição acabou sendo inserida na norma pela Comissão de Justiça da Câmara dos Deputados e, posteriormente, ratificada pela lei[22].

A vantagem prática da inserção de tal conceito na proposição normativa é a de prevenir eventuais disputas doutrinárias no Direito brasileiro, que claramente optou em permanecer adotando a teoria da equivalência das condições como fundamento da relação de causalidade.

2.1.2 Críticas à teoria da equivalência das condições

Dentre as críticas que se fazem à teoria da equivalência das condições, a mais conduntende está voltada para a possibilidade que se abre de um *regresso ao infinito* nas oportunidades em que se examina a relação de causalidade de certo acontecimento[23]. É que o critério por ela adotado, da *exclusão hipotética*, não permite estancar o questionamento sobre a causa do resultado, pois sempre existirá uma causa anterior geradora do resultado posterior.

Em um acidente automobilístico imprudente, p. ex., em se levando em consideração essa teoria, é possível definir como *causa* não só a ação culposa de um dos motoristas, mas também os construtores da rodovia, os fabricantes do veículo, e todas as con-

---

21 Antonio Luís Chaves Camargo. *Imputação...*, op. cit., p. 49.
22 Álvaro Mayrink da Costa. *Direito Penal* [parte geral]. Vol. I, Tomo I. Rio de Janeiro: Forense, 1992, p. 667.
23 Antonio Luís Chaves Camargo. *Imputação...*, op. cit., p. 14.

dições que, se fossem *hipoteticamente* retiradas da cadeia causal, fariam desaparecer o evento.

Crítica, contudo, refutada por Günter Spendel[24], que propôs uma nova leitura da teoria da equivalência, trabalhando exclusivamente com condições concretamente realizadas, afastando assim as condições hipotéticas que levam ao infinito.

Outra crítica refere-se ao fato de o procedimento da *conditio* se apresentar, às vezes, viciado pela *falácia da petição de princípio*, pois, como observa Claus Roxin[25], no famoso caso ocorrido na Alemanha sobre a ingestão do sonífero "contergan" (à base de talidomida), por diversas mulheres grávidas, e que teria provocado o nascimento de crianças com deformações, só seria possível fazer a supressão mental do sonífero e perguntar se em tal caso desapareceria o resultado, se já se soubesse, previamente, que ele era capaz de produzir deformações fetais. Portanto, se já se sabia de tal consequência do fármaco, a pergunta era totalmente desnecessária, com retorno ao princípio já conhecido.

Sob perspectiva semelhante, Hans-Heinrich Jescheck[26] afirma que a fórmula dessa teoria é mais um procedimento de verificação do que de busca, e ela pouco serve se não se tem a suspeita a respeito da ação causal a ser considerada.

Em outra ordem de ideias, adverte a doutrina sobre as consequências errôneas que o critério *hipotético* utilizado por essa teoria pode levar quando há uma *intervenção no curso real dos acontecimentos*. Engisch[27] propõe o seguinte exemplo: O carrasco A vai executar o assassino X às seis horas da manhã; B, pai do assassinado, desejando vingar-se com as próprias mãos, assiste no pátio

---

24 *Apud* Hans Welzel. *Direito...*, op. cit., p. 88. Posição também defendida por Hans Welzel. *Ibid.*, p. 87-88. Em sentido semelhante ainda, a teoria da proibição de regresso proposta por Reinhard Frank. *Apud* Antonio Luís Chaves Camargo. *Imputação...*, op. cit., p. 54.
25 *Derecho...*, op. cit., p. 35.
26 *Tratado...*, op. cit., p. 378.
27 *Apud* Enrique Gimbernat Ordeig. Causalidad, omisión e imprudência. In: *Revista Brasileira de Ciências Criminais*. São Paulo: Revista dos Tribunais, Vol. 17, 1997, p. 34.

do cárcere aos preparativos da execução. Poucos segundos antes das seis horas, B se atira contra o carrasco, afasta-o, e aperta ele mesmo o botão que aciona a lâmina da guilhotina, que às seis em ponto cai sobre X, decapitando-o. Se se suprimir o comportamento de B (pondo em funcionamento a guilhotina), o resultado (morte de X) não desaparece, já que neste caso o carrasco teria atuado, falecendo o condenado na mesma hora e mesmas circunstâncias. Portanto, continua o autor, sobre a base da fórmula da *conditio sine qua non*, ter-se-ia de negar a condicionalidade da ação de B para a morte de X; como o carrasco também não a havia causado, ter-se-ia uma morte real (de X) que não poderia ser reconduzida a comportamento algum. Sendo assim, alguém teve de guilhotinar o morto.

No mesmo caminho tem-se o que Claus Roxin[28] denominou como o caso mais espinhoso para a teoria da equivalência das condições, representado pelo grupo de ações que *interrompem cursos causais salvadores*. Exemplifica o autor, citando Armin Kaufmann, com a hipótese de alguém impedir que um bote ou um cachorro se dirijam até alguém que está se afogando e vem a morrer, quando poderia ser salvo. Também, ainda, segundo Eberhard Schmidhäuser[29], alguém que rasga as mangueiras dos bombeiros, impedindo a extinção de um incêndio.

Comenta Claus Roxin[30] que, embora para estes casos exista um acordo unânime de que o agente deve ser castigado como autor de um delito comissivo consumado se o curso causal interrompido por ele impediria, com boa margem de segurança, que o resultado típico se concretizasse, é duvidoso como se pode fundamentar a causalidade do agente. Para o autor, as causas dos resultados nos exemplos dados seriam a água e o fogo, pois a atuação humana não incidiu no curso causal real.

Essas e outras críticas formuladas à teoria da equivalência das condições vieram, quase sempre, acompanhadas de sugestões

---

28 *Derecho...*, op. cit., p. 358.
29 *Apud* Claus Roxin. *Derecho...*, op. cit., p. 358.
30 *Ibid.*, p. 358.

de outras teorias, já existentes ou criadas pelos próprios críticos, constantemente em busca de uma resposta mais adequada ao problema da causalidade.

Apesar das críticas, o que evidentemente não se retira é o mérito dessa teoria, que, além de atender aos casos mais comuns do Direito penal, sustenta uma fórmula simples, com capacidade de selecionar fatos reais de interesse jurídico-penal.

2.2 Teoria da causalidade adequada

Ao lado da teoria da equivalência das condições, a teoria da causalidade adequada tem aceitação entre os autores, tanto do Direito penal como do Direito civil[31].

Conhecida também como teoria da adequação, sua construção é atribuída ao médico alemão Joannes von Kries (1853-1928)[32], com origem histórica em Giandoménico Romagnosi[33], que no final do séc. XVIII (1791) a esboçou, e Ludwig von Bar (1871)[34], que a sistematizou dentro de uma monografia sobre participação, restringindo a problemática causal, própria das ciências naturais, excluindo da causalidade jurídica tudo aquilo que não pertence ao que ele denominou "regras da vida". Estas regras provêm, segundo Ludwig von Bar[35], não apenas das normas de direito como também da moral, do costume, dentre outras coisas.

Segundo essa teoria, uma conduta só é causal em sentido jurídico-penal, se possuir uma tendência geral, de acordo com a experiência da vida, de provocar um resultado típico.

Para saber quando é adequado um comportamento, é preciso levar em conta, conforme Ludwig Träeger[36], todas as condi-

---

31 Guillermo Julio Fierro. *Causalidad...*, op. cit., p. 231.
32 Claus Roxin. *Derecho...*, op. cit., p. 359.
33 Guillermo Julio Fierro. *Causalidad...*, op. cit., p. 232.
34 *Ibid.*, p. 232.
35 *Apud* Guillermo Julio Fierro. *Causalidad...*, op. cit., p. 232.
36 *Apud* Paz Mercedes de la Cuesta Aguado. *Tipicidad e imputacion objetiva*. Buenos Aires: Ediciones Jurídicas Cuyo, 1998, p. 133.

ções existentes ao tempo da ação que naquele momento fossem conhecidas ou possíveis de serem conhecidas pelo homem mais prudente, além daquelas que o autor efetivamente conhecia.

Previsibilidade objetiva e *diligência devida* são os critérios sugeridos por essa teoria para precisar quando uma ação é adequada a produzir um resultado, excluindo assim, os comportamentos que, mesmo sendo condição de um evento, são imprevisíveis[37].

Para a utilização da teoria da adequação, o Juiz, como observador objetivo, deve analisar a situação de forma antecipada à produção das condições para o resultado e verificar se aquele processo causal é adequado a produzir o evento na realidade. Em caso afirmativo, a condição é considerada causa e, por conseguinte, relevante à situação jurídico-penal em exame.

Ocorrendo o contrário, caso racionalmente não se possa prever que determinada condição levará ao resultado, não será considerada causa para o Direito penal[38].

O juízo de adequação causal realiza-se, portanto, a partir de uma conversão à situação em que se deu a ação, examinando-se desde então, em abstrato, a idoneidade e a possibilidade objetiva da ação, segundo as leis da causalidade natural.

Por sua parte, Claus Roxin[39] entende, com outros autores, que essa teoria não é uma teoria causal, senão uma teoria da imputação, em que pese insuficiente, por não atender a todos os critérios desta última.

2.2.1 Críticas à teoria da causalidade adequada

Essa teoria, segundo Guillermo Julio Fierro[40], não se resumiu à proposta inicial de Joannes von Kries. Surgiram dentro

---

37 *Apud* Paz Mercedes de la Cuesta Aguado. *Tipicidad e imputacion objetiva*. Buenos Aires: Ediciones Jurídicas Cuyo, 1998, p. 133.
38 Antonio Luís Chaves Camargo. *Imputação...*, op. cit., p. 56.
39 *Derecho...*, op. cit., p. 360-361. No mesmo sentido: Guillermo Julio Fierro. *Causalidad...*, op. cit., p. 236-237.
40 *Causalidad...*, op. cit., p. 244.

dela outras duas variantes. Uma apresentada por Thon e Rümelin e outra por Ludwig Träeger[41].

A primeira, de Thon e Rümelin, denominada de corrente objetiva, com grande influência no Direito civil, diferencia-se da posição de Joannes von Kries, propondo que a análise do fato a ser feita pelo juiz, como "prognosis póstuma objetiva", deveria levar em consideração apenas os conhecimentos do seu autor, se estes se apresentassem superiores ao do homem médio[42].

Sob o ponto de vista da segunda, defendida por Ludwig Träeger, o juízo de probabilidade ou de regularidade do processo causal desencadeado não deveria ser examinado com base nos conhecimentos do autor, do homem médio ou do Juiz, pois somente um perito na matéria é que pode, em virtude de sua bagagem científica e aquilatada experiência, informar se o resultado do acontecimento é ou não uma consequência normal ou previsível da ação desenvolvida. Os conhecimentos efetivos do autor no momento de atuar deverão ser levados em consideração pelo perito[43].

Mesmo com esses novos caminhos, a teoria da causalidade adequada não ficou isenta de críticas.

As principais objeções dirigem-se à impossibilidade de se fixarem critérios claros para a determinação do juízo de possibilidade e, também, do caráter causal das ações inadequadas[44].

Quanto à verificação de possibilidade, realizada segundo o critério do "prognóstico posterior-objetivo", com a colocação do observador *ex ante* à produção das condições para o resultado, questiona-se sobre a necessidade de se examinar o que já aconteceu, de maneira abstrata, como se ainda não tivesse acontecido[45].

---

41 Guillermo Julio Fierro. *Causalidad...*, op. cit., 244-245.
42 *Ibid.*, p. 244.
43 *Ibid.*, p. 245.
44 Antonio Luís Chaves Camargo. *Imputação...*, op. cit., p. 57.
45 Paulo José da Costa Júnior. *Nexo...*, op. cit., p. 90.

E, ainda, como determinar com exatidão o grau de possibilidade que uma conduta requer para gerar determinado resultado[46].

No exame sobre a adequabilidade do processo causal, com vista a verificar se é idôneo para produzir o resultado na prática, critica-se a confusão feita por essa teoria entre causalidade e culpabilidade, já que, segundo sua fórmula, devem ser antecipadamente afastadas as ações consideradas não perigosas em relação ao resultado típico[47].

A imprecisão da doutrina, baseada em abstrações, preocupa também seus críticos, na medida em que, conforme pensam, possibilita decisões arbitrárias por parte do julgador, que se coloca no lugar daquele que efetivamente atuou, pois ao analisar e valorar o curso causal, ele, julgador, possivelmente o fará segundo a sua própria experiência, e não do verdadeiro autor[48].

Sem negar a relevância dos nexos causais, Edmund Mezger[49] pretendia averiguá-los não só mediante os princípios da adequação, mas também por meio de uma interpretação conforme o sentido dos tipos legais, o que o levou a elaborar a teoria da relevância jurídica.

2.3 Teoria da relevância jurídica

Conhecida também como "teoria da causa relevante"[50], foi desenvolvida por Edmund Mezger, com a preocupação de demonstrar, contrariando boa parte dos penalistas, ser o conceito de causalidade um conceito lógico, e não uma criação jurídica.

Edmund Mezger[51] entende a causalidade como uma categoria apriorística do pensar humano. Uma "forma do nosso co-

---

46 Paulo José da Costa Júnior. *Nexo...*, op. cit., p. 90.
47 Antonio Luís Chaves Camargo. *Imputação...*, op. cit., p. 57.
48 Guillermo Julio Fierro. *Causalidad...*, op. cit., p. 246-247.
49 *Apud* Claus Roxin. *Derecho...*, op. cit., p. 361-362.
50 Maria Gabriela Lopez Iñiguez. *Teoria...*, op. cit., p. 47.
51 *Apud* Guillermo Julio Fierro. *Causalidad...*, op. cit., p. 261.

nhecer", que leva à compreensão das conexões dentro do mundo empírico.

Portanto, segundo o autor, tratando-se de uma categoria *a priori*, ela não é extraída da experiência, mas sim é nela aplicada para que se possa compreendê-la por meio do pensamento[52].

Sob a ótica dessa teoria, o raciocínio jurídico segue a mesma forma de pensar.

Apesar de entender que a "teoria da equivalência das condições" padece do defeito de equiparar a conexão causal com a responsabilidade, e que não são apenas os "princípios da adequação" que poderão determinar essa responsabilidade, mas sim a interpretação valorativa dessa relação em conformidade com o tipo penal, Edmund Mezger[53] não despreza essas teorias. Até as utiliza na determinação da *causa* a ser colocada frente ao *resultado*, para que, por meio do raciocínio que propõe, consiga obter uma *referência* sobre a conexão entre ambos.

Portanto, a ideia fundamental dessa teoria consiste em que, a relação causal, por si só, não pode fundamentar a responsabilidade pelo resultado, sendo necessária, ainda, a relevância jurídico-penal do nexo condicional[54].

O fato de as condições serem equivalentes, no sentido de poderem ser consideradas causas, não significa sejam elas equivalentes no sentido jurídico. O que implica dizer que nem todas podem fundamentar a responsabilidade penal[55].

Em defesa dessa teoria, colhe-se na doutrina o seguinte exemplo: o agente *A* golpeia levemente a cabeça de *B*, que foi recentemente operado do frontal, causando-lhe a morte.

Como no caso a ação de *A* não se enquadra no tipo de homicídio, inexiste para a teoria da relevância problema causal a resolver[56].

---

52 *Apud* Guillermo Julio Fierro. *Causalidad...*, op. cit., p. 261.
53 *Ibid.*, p. 262.
54 Paz Mercedes de la Cuesta Aguado. *Tipicidad...*, op. cit., p. 133-134.
55 *Ibid.*, p. 134.
56 Álvaro Mayrinch da Costa. *Direito...*, op. cit., p. 645.

A metodologia a ser seguida visando à apuração da causa juridicamente relevante deve ser a combinação entre o critério *valorativo*[57], próprio das ciências culturais, e o da *previsibilidade*[58], previsto na teoria da adequação, sempre levando em consideração o tipo penal.

2.3.1 Críticas à teoria da relevância jurídica

Apontada não como uma teoria causal, mas como uma nova abordagem em busca de limitar a excessiva amplitude da teoria da equivalência, a teoria da relevância jurídica procura separar os processos causais atípicos, utilizando a tipicidade como elemento balizador[59].

É objetada, entretanto, por não resolver, ao menos nos moldes clássicos, a questão dos cursos atípicos que ocorrem nas ações típicas.

No exemplo citado anteriormente[60], a agressão de *A* contra *B*, causando a este a morte, fica sem resposta diante desta teoria, quando, em verdade, a ação de *A* (leve golpe), segundo Reinhart Maurach[61], mantém-se dentro do tipo para o crime básico.

Por outro tanto, tendo tomado como alicerce a tipicidade, a teoria da relevância é criticada por apresentar os mesmos problemas da base em que se ergue[62]. Isso porque o legislador, ao usar por vezes o verbo "causar"[63] ou outro semelhante na descrição típica, termina por esvaziar a possibilidade de se apreender a relevância, provocando seja ela buscada arbitrariamente.

---

57 Antonio Luís Chaves Camargo. *Imputação...*, op. cit., p. 59.
58 Maria Gabriela Lopez Iñiguez. *Teoria...*, op. cit., p. 48.
59 Álvaro Mayrink da Costa. *Direito...*, op. cit., p. 644.
60 Cf. item 2.3 deste Capítulo.
61 *Apud* Álvaro Mayrink da Costa, *Direito...*, op. cit., p. 644.
62 *Ibid.*, p. 645.
63 Art. 250 do Código Penal brasileiro: "Causar incêndio, expondo a perigo a vida, a integridade ou o patrimônio de outrem".

Acredita Claus Roxin[64] que Edmund Mezger apenas descuidou de não levar sua proposta até chegar a uma teoria geral da imputação. Reconhece, entretanto, o autor, ser a teoria da relevância jurídica, assim como ocorre com a teoria da adequação, uma precursora daquela. Certamente tivesse Edmund Mezger seguido com suas ideias, nos termos sugeridos por Claus Roxin, indo até uma teoria da imputação, as críticas feitas à sua proposição não teriam sobrevivido, pois a mudança relevante ocorreria já no campo da abordagem do tema, com o abandono da visão de uma teoria causalista, por não ser esta a posição das teorias da imputação.

3. Outras teorias da causalidade

No entanto, antes de se examinar a imputação objetiva, outras teorias merecem ser visitadas, segundo seleção feita por Guillermo Julio Fierro[65], especialmente pela contribuição que deram ao desenvolvimento do tema, e que por um ou outro motivo despertam o interesse da doutrina.

3.1 Teoria da condição mais eficaz

Elaborada por Birkmeyer, parte da negação da equivalência dos fatores causais para eleger empiricamente aquele com maior atitude causal, atribuindo a este a causa do resultado. Exemplifica atribuindo valores numéricos às causas que contribuíram com o resultado. A de maior valor é a mais eficaz e a ela se deve atribuir o evento. O autor só não explicou como é possível fazer a graduação proposta.

---

64 *Derecho...*, op. cit., p. 362.
65 *Causalidad...*, op. cit., p. 252-272, de onde se extraiu o material dos itens 3.1 a 3.9 deste Capítulo.

3.2 Teoria da causa eficiente

Defendida por Vincenzo Manzini, Alfredo de Marsico e outros, diferencia causa de condição e ocasião, baseando-se na premissa de que causa é um elemento dinâmico, criador de uma modificação no mundo exterior diferente do estado que a precedia, e que requer a presença de diferentes condições, tanto negativas quanto positivas para produzir essa modificação. No entanto, a causa é totalmente diferente destas condições, pois estas não têm nenhuma capacidade de transformar o mundo, apenas favorecem o desenvolvimento da primeira. Foi criticada por não atender aos casos em que se interpõe uma conduta entre a ação do sujeito e o resultado produzido.

3.3 Teoria da causa próxima

Anunciada por Ortmann, utiliza um enfoque empírico-temporal, pois atribui o caráter de causa à última condição, a mais próxima do resultado. Considerada sem efeito prático, já que pretende pôr um limite arbitrário qualquer na cadeia causal, quando nem sempre a última condição é a verdadeira causante do fato investigado.

3.4 Teoria da causa necessária

Deriva de uma disposição do Código de Processo Penal chileno, que determinava que nos laudos os médicos registrassem as causas imediatas da morte e, caso o cadáver apresentasse lesões que pudessem ter sido praticadas por um terceiro, o laudo deveria expressar se a morte havia sido consequência necessária da ferida produzida. Esta teoria, construída pela jurisprudência a partir de uma lei processual, aplicava-se apenas aos casos de homicídio e sobreviveu isolada no país transandino. Criticada principalmente por apresentar uma tautologia, pois quando se pergunta qual a causa necessária, o problema ressurge com toda a sua magnitude, sem um critério para a resposta.

3.5 Reconstrução de Max Mayer

Com enfoque posterior a 1901, analisando a teoria da equivalência das condições, Max Ernest Mayer chega à conclusão de que o problema está mal desenhado. Depois de tecer suas críticas àquela teoria, termina por negar a necessidade de elaboração de uma teoria estritamente causal, por acreditar que o interesse real no caso é a *particular relevância do nexo causal*, deixando aberta a fenda que, posteriormente, seria percorrida por outros autores.

3.6 Teoria do equilíbrio de Karl Binding

Partindo inicialmente de um enfoque físico-natural, afirma Karl Binding que para a produção de um resultado concorrem condições negativas e positivas, e só podem ser consideradas como causa de um evento aquelas condições positivas que preponderam sobre as negativas, rompendo o equilíbrio, desencadeando a alteração espaço-temporal. Entretanto, o próprio autor reviu posteriormente sua teoria, admitindo uma fundamental diferença entre a mera causalidade física e a que interessa às "ciências do espírito", acrescentado à sua tese inicial o componente "vontade humana", capaz de coordenar os acontecimentos. Essa nova posição de Karl Binding, mais que abordar o problema da causalidade, preocupa-se com a autoria, o que deu margem a críticas.

3.7 Teoria da adequação ao tipo

Por intermédio de doutrina elaborada em 1928, Ernest von Beling assinala que as disputas sobre o tema entre as distintas teorias têm origem em um grave erro metodológico, pois procuram um enfoque pré-jurídico e apriorístico para a causalidade, pretendendo obter consequências de caráter jurídico. A causalidade, para este autor, está no tipo, uma *causalidade típica*, já que a lei não diz "aquele que põe uma causa para a morte de um homem"; simplesmente coloca: "matar alguém", outorgando um sentido usual e comum ao termo. Sustenta Ernest von Beling que é preciso recorrer aos verbos com que estão construídos os tipos, pois é neles que se encontra a resposta para solucionar os árduos problemas causais analisados em concreto. Contudo, para o próprio criador dessa teoria, para se aplicar com êxito seu ponto de vista, é preciso atribuir aos distintos verbos típicos um significado comum, corrente, limitando-se a exegese legal a comprovar se a conduta desenvolvida pelo agente enquadra-se nas exigências típicas. Entretanto, o problema não se vê solucionado com essa proposta, pois apenas desloca as dificuldades que pretende solucionar.

3.8 Teoria da causalidade humana

Francesco Antolisei vincula a causalidade de interesse do Direito penal com a imputação de um fato à ação de um homem; e, nesse sentido, ressalta que o ser humano é dotado de consciência e vontade, qualidades com peso decisivo nas relações que se estabelecem entre ele e o meio que o rodeia. Nessa situação, o homem tem uma capacidade limitada de domínio dos cursos causais, seja gerando efeitos, seja detendo-os, ou encaminhando-os em determinada direção. Sendo certo, entretanto, que além desse domínio não ser total, difere de homem para homem, segundo suas respectivas capacidades. Exemplifica com o caso de alguém que marca um encontro com seu inimigo em determinado lugar. Por azar, ocorre no local a explosão de uma bomba terrorista, matando o inimigo. Nessa mesma situação, se o sujeito sabia da bomba terrorista, temos outra consequência jurídica. Na primeira hipótese o sujeito não pode ser considerado autor do delito, o que já ocorre na segunda, pois a morte foi provocada por ele.

3.9 Teoria da ação humana

Sebastian Soler, seu criador, afirma que a ação humana, única que interessa ao Direito, tem por dentro muitos elementos além e distintos dos causais provenientes de outras categorias prévias às da ação. Contém substância, qualidade, relação e outras. O autor introduz elementos alheios à estrita consideração da causalidade ao fundamentar as inegáveis diferenças existentes entre a causalidade física e a causação humana, ao levar em conta os conhecimentos que o agente teve ou pode ter no momento do fato, como meio de ampliar o poder causal do homem diante do cego causalismo natural.

4. A teoria da imputação objetiva

4.1 Considerações iniciais

As teses causais, desde Georg Wilhelm Friedrich Hegel[66] (1818), com a concepção de imputação atrelada à culpabilidade, considerando tão somente a ação dolosa e, portanto, sem resolver a questão da culpa *strito sensu,* até Edmund Mezger (1921), idealizador da *teoria da relevância,* não conseguiram dar respostas satisfatórias às complexas situações jurídico-penais concretas.

Mesmo as outras importantes teorias, da *equivalência das condições* e da *causalidade adequada,* desenvolvidas por Maximilian von Buri[67] (1860) e Joannes von Kries[68] (1888), respectivamente, sendo a primeira adotada pelo vigente Código Penal brasileiro, não atingiram os objetivos esperados.

As outras diversas propostas[69] constituem prova eloquente não só do esforço dos estudiosos em encontrar uma saída para a questão da causalidade no Direito, especialmente no Direito penal, quanto do fracasso dos conceitos conhecidos.

Certamente, a derrota da causalidade não está em sua ideia ou existência, pois do contrário as maçãs não continuariam caindo das árvores, nem os metais dilatando quando aquecidos.

---

66 *Princípios da filosofia do direito.* Trad. Orlando Vitorino. São Paulo: Martins Fontes, 1997, p. 103-106.
67 Cf. item 2.1 deste Capítulo.
68 Cf. item 2.2 deste Capítulo.
69 Cf. itens 3.1 a 3.9 deste Capítulo.

O equívoco da doutrina reside em continuar buscando, a partir dos dogmas do positivismo comtiano e neokantista, um conceito lógico sobre causalidade, com alcance genérico, a ser aplicado ao Direito penal.

A teoria da imputação objetiva rompeu com o ciclo de se teorizar mais sobre a mesma coisa, indo atrás de soluções para importantes e complexos problemas penais, que na maior parte das vezes envolve a questão causal.

Adianta-se, desde já, entretanto, não ser a teoria da imputação objetiva uma tese sobre causalidade.

4.2 Antecedentes

O ato simbólico do "pecado original" representa, segundo Günther Jakobs[70], o primeiro caso conhecido na história da humanidade envolvendo um problema de imputação objetiva.

Discorre Günther Jakobs sobre o tema lembrando constar na Bíblia (primeiros dois capítulos-gênese) que, após a criação do ser humano, foi estabelecida a primeira norma com o seguinte conteúdo: "Mas da árvore da ciência do bem e do mal não comerás". No entanto tal norma foi imediatamente desrespeitada (terceiro capítulo-gênese), e Adão, quando interrogado, num misto de relato e defesa, disse: "A mulher que me deste por companheira me deu da árvore e eu comi". Declaração que, pela perspectiva de Adão, como o processo causal teria sido iniciado por Eva, pessoa responsável colocada ao seu lado pela própria mão de Deus, tal fato deveria, pelo princípio da confiança, se não exonerar a sua responsabilidade pela ocorrência, ao menos atenuá-la.

Entretanto, como consta do conhecido final da história, Deus não reconheceu o alegado princípio da confiança e todos responderam pelos seus atos e consequências deles derivadas. Até mesmo a serpente, a quem Eva tentou transferir a culpa, teve seu ato sancionado.

---

70 Günther Jakobs. *La imputación...*, op. cit., p. 13-14.

Günther Jakobs extrai desse simbolismo bíblico a referência atual do dever de todos responderem pelos seus atos, mas que devem ser pensados os comportamentos coadjuvantes impulsionadores de consequências, que podem ser interpretados em um contexto mais restrito, excluindo responsabilidades oriundas apenas do contato social.

No Direito, os antecedentes da atual doutrina sobre a imputação objetiva giram em torno dos nomes de Karl Larenz e Richard Honig, responsáveis pela revisão e reformulação das ideias de Georg Wilhelm Friedrich Hegel[71], que sustentava só ser possível imputar a cada pessoa aquilo que fosse considerado obra sua.

4.2.1 A teoria de Karl Larenz

Karl Larenz[72], por meio da obra "A teoria da imputação de Hegel e o conceito de imputação objetiva", marcou o início da teoria da imputação objetiva. Segundo Paz Mercedes de la Cuesta Aguado[73], Karl Larenz tomou como ponto de partida a doutrina do idealismo crítico e, em especial, a teoria da imputação de G. W. Hegel.

Aceitando a teoria da adequação como princípio de imputação, Karl Larenz fundamenta a imputação objetiva na "vontade" capaz de dirigir e prever o curso causal para conseguir determinada finalidade[74].

Assim, com Karl Larenz, a teoria da imputação objetiva se converte em um juízo teleológico, em que se terá de determinar se o acontecimento desenvolvido pelo autor esteve dirigido pela vontade até a consecução de um determinado fim[75]. O que estiver compreendido na vontade do agente é ato seu, o que ali não se encontrar é obra do acaso, portanto não lhe pode ser imputado[76].

---

71 *Princípios...*, op. cit., p. 104-105.
72 *Apud* Claus Roxin. *Funcionalismo...*, op. cit., p. 15.
73 *Tipicidad...*, op. cit., p. 145.
74 *Ibid.*, p. 145.
75 *Ibid.*, p. 145.
76 Claus Roxin. *Funcionalismo...*, op. cit., p. 17.

Karl Larenz, ao revisar a construção hegeliana sobre o conceito de ação, procurou corrigir alguns aspectos, abandonando desde logo a ideia de sujeito, que para Hegel é representado pelo homem físico, individual, assumindo em seu lugar a ideia normativa de pessoa, ser racional. Com essa desvinculação do indivíduo específico, passando-se ao nível genérico de pessoa, a finalidade deixa, também, de ser aquilo que o autor concretamente previu e quis, passando a abarcar tudo o que objetivamente a ação tendia a abranger[77].

Trata, ainda, Karl Larenz, da omissão e sua imputação, entendendo ser necessária, neste caso, a existência de uma relação causal, apesar de não determinante do resultado, uma vez que o autor não age positivamente para produzi-lo. Dependendo, nesta hipótese, da possibilidade de prever e evitar o resultado[78], excluídos os acontecimentos imprevisíveis, que ficam fora do poder de domínio do autor.

4.2.2 A teoria de Richard Honig

Logo após a divulgação do trabalho de Karl Larenz sobre a imputação objetiva (1927), Richard Honig elabora um artigo que integrou conhecido livro em homenagem a Reinhart Frank, publicado em 1930, no qual o autor recorreu ao que chamou de "perseguibilidade objetiva de uma finalidade"[79], para eliminar cursos causais guiados exclusivamente pela causalidade natural, e distinguiu um juízo de imputação autônomo, independente do juízo causal[80].

---

77 Claus Roxin. *Funcionalismo...*, op. cit., p. 18.
78 Antonio Luís Chaves Camargo. *Imputação...*, op. cit., p. 62.
79 Bernd Schünemann. "Consideraciones sobre la imputación objetiva". Trad. Mariana Sacher de Köster. In: *Teorias actuales en el derecho penal:* 75º aniversário del código penal. Buenos Aires: Ad-Hoc, 1998, 222.
80 *Ibid.*, p. 223.

No entender de Richard Honig[81], imputável é só aquele resultado que ocorreu servindo aos fins, e é por meio da vontade que o homem intervém na natureza, guiando os cursos causais na direção do que objetivamente almeja ou podia almejar.

O ponto essencial no juízo de imputação de Richard Honig localiza-se, portanto, na direção objetiva da vontade, cujo critério é capaz de fazer a distinção de um acontecimento fortuito.

No conhecido caso citado por Richard Honig, e extraído do original de Ludwig Träeger[82], em que alguém envia seu sobrinho, de quem deseja herdar, a um monte repleto de altas árvores, em meio de uma tormenta, na esperança de que seja atingido por um raio e morra, o tio não tem o controle do curso causal (formação ou não de raios) e, portanto, não há imputar-lhe o resultado morte, ainda que ele ocorra na forma subjetivamente desejada.

Segundo Richard Honig[83], a teoria da imputação objetiva é uma teoria da ação, mas na sua visão só interessam ao Direito penal as ações típicas. No que diverge de Karl Larenz, que procurou desenvolver uma teoria da ação em geral[84].

A distinção feita por Richard Honig sobre a questão ontológica, ligada à causalidade, da questão normativa, de caráter axiológico (imputação), repercute ainda hoje na doutrina penal[85].

---

81 *Apud* Claus Roxin. *Funcionalismo...*, op. cit., p. 21.
82 Lembra Bernd Schünemann que, atualmente, de forma irônica, se costuma apresentar o caso de modo tal que o sobrinho é quem quer herdar do tio rico, e o convence a um passeio. "Consideraciones...", op. cit., p. 223, nota 13. Menciona Marcelo A. Sancinetti que, "em uma tese de doutorado na Alemanha, preparada por Hendrik Timmer, colhe-se a informação de ter o autor da tese encontrado esse mesmo exemplo citado quatorze vezes, em doze autores diferentes, que abordaram o tema entre 1865 e 1900". "Observaciones sobre la teoria de la imputación objetiva". In: *Teorias actuales en el derecho penal:* 75º aniversário del código penal. Buenos Aires: Ad-Hoc, 1998, p. 186, nota 16.
83 *Apud* Claus Roxin, *Funcionalismo...*, op. cit., p. 21.
84 *Ibid.*, p. 22.
85 *Ibid.*, p. 22.

4.3 A imputação objetiva na atualidade

Como já anotado anteriormente[86], a teoria da imputação objetiva não é uma teoria da causalidade, nem pretende substituir as teses causalistas ou a elas se sobrepor.

Para uma teoria da imputação, a questão principal não está na constatação da relação entre circunstâncias, mas no estabelecimento de critérios por meio dos quais se quer imputar a alguém determinado resultado típico[87].

Da causalidade para a imputação há antes de tudo uma mudança de foco, caracterizada, especialmente, pelo abandono da esfera ontológica, com ingresso na normativa, aliado à avaliação dos dados empíricos para se saber da possibilidade de se imputar a uma pessoa, como obra sua, um resultado[88].

Mesmo considerando a existência de mais de um modelo de sistema sobre a imputação objetiva[89], todos têm, basicamente, a função de limitação da responsabilidade penal[90].

Uma das teorias sobre imputação objetiva mais divulgadas fora da Alemanha é a de Günther Jakobs[91], catedrático de Direito penal e Filosofia do Direito na Universidade de Bonn, que edificou suas ideias sobre o tema fundando-as nos estudos sociológicos de Niklas Luhmann[92].

Entretanto, apesar dos méritos dessa teoria de base sociológica, por conseguir abandonar o lastro ontologista, guiando-se por uma função social do Direito penal, e abrindo perspectivas

---

86 Cf. item 4.1 deste Capítulo.
87 Claus Roxin. *Problemas fundamentais de direito penal.* Trad. Ana Paula dos Santos L. Natscheradetz. Lisboa: Vega, 1998, p. 145.
88 *Ibid.*, p. 145.
89 *Apud* Claus Roxin. *Funcionalismo...*, op. cit., p. 116: menciona a existência de outros modelos além do dele, entendendo cumprir papel de destaque as teorias de Günther Jakobs, Frisch e Puppe.
90 Antonio Luís Chaves Camargo. *Imputação...*, op. cit., p. 70.
91 Nos itens 2.7.3 e 3.9 do Capítulo 1 e 2.2 do Capítulo 3 existem referências aos pontos principais dessa teoria.
92 Luis Greco. *Introdução...*, op. cit., p. 2.

para a resolução de vários problemas penais, não tem ela obtido prestígio. A rigidez e obsessão pela eficiência, com preocupação excessiva pelos fins, sem a devida verificação sobre a legitimidade dos meios, tem obscurecido a sua credibilidade[93].

4.3.1 A teoria de Claus Roxin

No início dos anos 1970 do século XX, Claus Roxin começa elaborar uma fórmula de imputação objetiva para os delitos de resultado, afastada do sistema causal.

A formulação de Claus Roxin envolve critérios normativos de imputação visando à construção de uma teoria geral de imputação objetiva.

Partindo do resultado, o esquema inicial dessa fórmula busca saber se a conduta do autor criou ou não um risco juridicamente relevante de lesão típica de um bem jurídico.

Assim como Richard Honig concordou com Karl Larenz, sobre fato da conduta humana causadora do evento, ser juridicamente relevante apenas se for concebida como orientada de acordo com finalidades em relação à produção ou evitação do resultado[94], Claus Roxin[95] também sustenta essa tese.

Portanto, para tal construção, mesmo constatada uma relação de causalidade, não será possível imputar objetivamente o resultado ao agente se estiver ausente a possibilidade de um controle por ele, do processo causal. Assim, só são típicos os resultados que forem previsíveis e dirigíveis pela vontade.

Dessa forma, ficam afastados os cursos causais irregulares ou não domináveis.

Ressalte-se, entretanto, que para essa teoria, a criação de um risco juridicamente relevante de lesão típica de um bem jurídico

---

93 Luis Greco. *Introdução...*, op. cit., p. 5.
94 Claus Roxin. *Problemas...*, op. cit., p. 146.
95 *Ibid.*, p. 146.

dispensa o requisito da possibilidade de domínio do fato, já que a ele se equipara[96].

A partir do risco juridicamente desvalorado, criado pela ação humana, e que deve ser encontrado no resultado, Claus Roxin[97] estabeleceu critérios concretos para fixar o juízo de imputação objetiva, caracterizados como: a) *diminuição do risco;* b) *criação, ou não, de um risco juridicamente relevante;* c) *o incremento ou falta de aumento do risco permitido;* d) *âmbito de proteção da norma;* e) *criação do perigo e os cursos causais hipotéticos; f) o incremento do risco e as condutas alternativas conforme o direito.* Acrescentou, ainda, hipóteses em que a imputação pode deixar de ocorrer, quando no caso concreto, o tipo não estiver determinado a impedir tais acontecimentos, que são: g) *consentimento da vítima;* h) *autocolocação em risco.*

4.3.1.1 Diminuição do risco

A questão do risco é o aspecto comum em todos os critérios fixados por Claus Roxin, para delinear sua teoria da imputação objetiva.

Nas hipóteses de alteração de um curso causal, de forma a diminuir para a vítima o perigo existente, não há obviamente a criação de um risco, pois este já existia. Não havendo a criação do risco, mas ao contrário, existindo uma ação que o diminua, esta ação é atípica.

Claus Roxin[98] exemplifica seu posicionamento com a seguinte hipótese: alguém, vendo que uma pedra vai atingir a cabeça de outro, consegue desviar-lhe o curso, a qual acaba por atingir uma parte menos perigosa do corpo da vítima. No caso, a conclusão do autor pela não responsabilização por lesões corporais é coerente com sua teoria, pois, apesar de a ação de desviar a pedra ser a causa do resultado concreto, faltou a criação de um risco e, portanto, a imputação.

---
96 Claus Roxin. *Problemas...*, op. cit., p. 150.
97 *Ibid.*, p. 149-155.
98 *Derecho...*, op. cit., p. 365.

Ao tratar essa situação de atípica, a teoria de Claus Roxin dá uma resposta diferente daquela a que se chegaria, caso a hipótese fosse examinada sob os critérios da teoria da equivalência das condições, ou de qualquer outra teoria causal. Pela ótica destas doutrinas tradicionais, o fato seria admitido como um estado de necessidade, excludente da antijuridicidade[99], e, consequentemente, típico e relevante para a esfera da investigação material da ação.

Em outro exemplo, Claus Roxin[100] refere-se a alguém que pretenda, ainda que sem sucesso, impedir um assassinato, e termina apenas por atrasá-lo. A ausência de criação do risco e a tentativa de sua diminuição descaracterizam a ação de homicídio, por mais que a conduta de tentar salvar a vítima tenha influído na forma concreta do resultado. No entanto, como adverte o autor, essa conduta é considerada causal, sob a ótica da teoria da equivalência.

As respostas dadas pela imputação objetiva a esses casos encontram suporte nas próprias bases em que Claus Roxin construiu sua teoria, lastreadas em princípios do Estado de Direito, e da ponderação entre bens jurídicos e interesses da liberdade do homem[101].

Tendo o Direito penal, dentro de um Estado Democrático de Direito, o objetivo de prevenir a ocorrência de lesões a bens jurídicos[102], nenhuma das hipóteses mencionadas pode ser atingida por ele, já que as ações praticadas tiveram por finalidade exatamente evitar ou diminuir o grau de lesão aos referidos bens.

A diminuição de risco como excludente da tipicidade exige que a ação de diminuição guarde coerência com o bem jurídico que sofreria a lesão mais grave e que pertença ao mesmo titular[103].

---

99 Claus Roxin. *Derecho...*, op. cit., p. 366.
100 *Problemas...*, op. cit., p. 149.
101 Paz Mercedes de la Cuesta Aguado. *Tipicidad...*, op. cit., p. 147.
102 Pierpaolo Bottini. *Funcionalismo...*, op. cit., p. 112.
103 Antonio Luís Chaves Camargo. *Imputação...*, op. cit., p. 74.

Caso essa sintonia não ocorra, ou porque a ação de diminuição de risco se refira a bens jurídicos diversos ou de titularidade diferente, ter-se-á uma causa de justificação, pertencente ao campo da antijuridicidade.

Esse critério de diminuição de risco não se aplica, por coerência, quando o autor tenha a obrigação de evitar o resultado ou contribuído para a criação do risco posteriormente diminuído[104].

4.3.1.2 Criação, ou não, de um risco juridicamente relevante

Não pode haver imputação objetiva de um resultado lesivo quando a ação não criou um certo risco para o bem jurídico lesionado ou, se criou, ele não era juridicamente relevante.

Da mesma forma é incabível a imputação ao tipo objetivo, se o autor não criou o risco de lesão a um bem jurídico, nem o aumentou de modo juridicamente considerável[105].

A ideia desse critério consiste, primeiramente, em imputar o resultado de uma ação a uma pessoa somente se a sua conduta criou ou realizou um perigo não permitido pela norma penal. Nas hipóteses em que a ação não tenha criado um risco juridicamente relevante de lesão a um bem jurídico, não haverá, objetivamente, ação típica.

No tradicional exemplo da "tormenta", em que alguém manda outro a um bosque, durante uma tempestade, com esperança de que seja alcançado por um raio, e isso termina por acontecer, não há a criação ou realização de um perigo não permitido.

Se bem que haja certa probabilidade de raios atingirem árvores durante tempestades, não há razão para se imputar o resultado morte a alguém, pois a conduta de mandar outro a um bosque, mesmo durante uma tormenta, não cria um risco juridicamente relevante à vida daquele que, acatando a ordem ou o conselho, ingressa no arvoredo. A conduta, no caso, não traz em si uma possibilidade aferível de provocar o resultado típico, que está fora do controle do autor.

---

104 Antonio Luís Chaves Camargo. *Imputação...*, op. cit., p. 75.
105 Claus Roxin. *Derecho...*, op. cit., p. 366.

O mesmo se dá nos casos de instigação à prática de qualquer outra atividade normal, em que os riscos são socialmente adequados, como andar de avião ou motocicleta, passear pela cidade no período noturno e outras.

Nas hipóteses em que o perigo já existe e a intervenção do autor não o modificou ou aumentou, de maneira a torná-lo juridicamente relevante, também não ocorrerá a imputação. Como exemplo, colhe-se na doutrina o caso do médico que injeta, indevidamente, cocaína no paciente, produzindo-lhe a morte, a qual também teria sido produzida se tivesse ele usado novacaína, que era a aconselhável[106].

O mesmo desfecho jurídico é tido nas situações de desvio de processo causal, por não haver, nessas hipóteses, criação ou incremento do risco. No clássico exemplo da vítima de disparo de arma de fogo, que vem a morrer em razão de um incêndio no hospital para onde foi levada, a imputação do resultado morte não pode ser feita ao autor do disparo da arma, pois, como afirma Claus Roxin[107], o incêndio do hospital não se deu em razão do perigo criado pela lesão, consequência do disparo.

Em outro processo causal anômalo mencionado por Claus Roxin[108], uma pessoa lança outra de uma ponte para a água, com a intenção de matá-la. No trajeto da queda, a vítima vem a chocar-se com um pilar da mesma ponte e morre. Tal fato em nada altera a ação de homicídio doloso, porque a forma de execução implicava, desde o início, que as coisas assim ocorressem.

Não se pode deixar de observar, para que haja a imputação objetiva em função da criação ou aumento do risco, a adequação social da conduta, devendo ela possuir uma vocação para produzir o resultado típico, além de poder ser dominada pelo autor. Uma conduta, provocadora de um resultado por simples causalidade, não pode ser imputada objetivamente a quem a praticou. A verificação da possibilidade de imputação será feita pelo méto-

---

106 Francisco Muñoz Conde. *Teoria...*, op. cit., p. 21.
107 *Derecho...*, op. cit., p. 363.
108 *Ibid.*, p. 363.

do da análise objetivo-posterior, em que o observador se coloca diante da situação ocorrida, levando em consideração os conhecimentos especiais do autor[109].

No exemplo dado por Claus Roxin[110]: se A convence B a fazer uma viagem, em que o avião cai em consequência de um atentado com uma bomba, normalmente não se encontrará uma condição adequada para a morte de B, pois se um observador, medianamente inteligente, fosse colocado antes do voo, consideraria a ocorrência completamente improvável. Diferente seria se A soubesse do plano do atentado contra o avião, caso em que o julgador inteligente atribuiria à viagem o caráter de muito perigosa, e A, tendo escolhido uma condição adequada, responderia por homicídio doloso.

É em função desse mesmo critério da adequação social que o farmacêutico, o dono do bar, do restaurante, da tabacaria e outros não respondem pelos eventuais delitos praticados por seus fregueses, mesmo que os crimes estejam relacionados com a ingestão de remédios, bebidas, comidas ou tabaco comercializados licitamente em seus estabelecimentos. É que, embora esses comerciantes possam criar o perigo com a venda dos produtos, não se pode imputar-lhes objetivamente um resultado de delito cometido por terceiro, pois praticam ações socialmente adequadas. Se um motorista, após farto almoço, regado a bebida alcoólica, dorme ao volante causando um acidente com morte, o resultado não pode ser imputado objetivamente ao dono do restaurante onde se deu a alimentação e a ingestão de bebida, embora, em um processo causal, tenha ele contribuído com a situação de perigo.

4.3.1.3 Incremento ou falta de aumento do risco permitido

Não haverá igualmente imputação quando o agir estiver dentro de uma situação em que se verifique um risco permitido[111],

---

109 Claus Roxin, *Derecho...*, op. cit., p. 360.
110 *Ibid.*, p. 360.
111 Renato de Mello Jorge Silveira. *Direito penal supra-individual:* interesses difusos. São Paulo: Revista dos Tribunais, 2003, p. 83.

entendido este como aqueles perigos decorrentes de condutas toleradas, social e juridicamente, tanto em razão da importância que têm para a sociedade quanto de sua costumeira aceitação por todos, por serem inerentes à vida moderna[112].

Assim, mesmo que a conduta gere um risco juridicamente relevante, se ela for de um modo geral permitida, restará excluída a imputação ao tipo objetivo, independentemente do caso concreto[113].

Claus Roxin[114] menciona os riscos permitidos resultantes do trânsito, ingressando nessa classe o tráfego aéreo, ferroviário e marítimo. Indica também o funcionamento das indústrias, a prática de esportes, as intervenções médico-cirúrgicas efetuadas dentro da *lex artis* e outros. Sendo sempre importante assinalar que a exclusão da imputação só se dará nos casos em que advierem resultados danosos dessas práticas, se tiverem sido observadas as regras a elas inerentes ou, ocorrendo o desrespeito a alguma dessas normas, não seja este fato relevante para o resultado.

Exemplo sempre lembrado é o do condutor de veículo que, obedecendo rigorosamente às regras de trânsito, vem a causar a morte de alguém por atropelamento. Como o dirigir veículo envolve um risco permitido, e o condutor, cumprindo as normas do trânsito, não aumentou esse risco, não há imputação objetiva, tratando-se de situação atípica.

Considera-se, também, que, uma vez autorizado socialmente um determinado comportamento, ou seja, tratando-se de um risco permitido, tal permissão tem um caráter objetivo, carecendo de relevância a subjetividade de quem pretende alcançar um desvalor mediante a utilização desse comportamento lícito[115]. Por isso, se alguém, pretendendo a morte de outro, presenteia-o com uma passagem de avião, na esperança de que o aparelho caia,

---

112 Juarez Tavares. *Teoria do injusto penal.* 3ª ed. rev. ampl. Belo Horizonte: Del Rey, 2003, p. 285.
113 Claus Roxin. *Derecho...*, op. cit., p. 371.
114 *Ibid.*, p. 372.
115 Guillermo Julio Fierro. *Causalidad...*, op. cit., p. 403.

produzindo a morte desejada, não responderá pelo óbito, ainda que ele venha a se dar exatamente da forma querida.

Bastante realista é o exemplo dado por Claus Roxin[116] sobre a pessoa que motiva outra a se dedicar a profissões ou esportes perigosos. Por maior que seja a má intenção do incentivador, essa provocação de curso causal, por se encontrar dentro do risco permitido, não é objetivamente imputável.

4.3.1.4 Âmbito de proteção da norma

A imputação também não se dará se o resultado concretamente verificado não se incluir no alcance da norma.

Trata-se de um critério de interpretação teleológica do tipo, que necessita, primeiramente, que o resultado concreto suponha a realização de um perigo inerente à ação inicial. Nesta ação, por sua vez, deve haver uma certa probabilidade daquele resultado que a norma pretende evitar[117].

Detendo esse critério um caráter adicional na análise causal, poderá, também, vir a eliminar da apreciação criminal aquelas ocorrências de somenos importância[118].

Claus Roxin[119] exemplifica com um caso julgado pelo Tribunal Supremo Federal alemão, em que um dentista extrai, mediante anestesia geral, dois molares de uma mulher que morre de mal cardíaco. Mesmo ela tendo avisado antes que temia ter "algo no coração", o dentista omitiu-se de buscar a intervenção de um anestesista, como requeria o cuidado devido. No entanto, sendo possível supor que o exame por um anestesista não teria descoberto a doença cardíaca ou, sendo certo apenas que, devido à demora que levaria o anestesista para reconhecer o problema, a mulher, de qualquer forma, morreria pouco mais tarde, não pode haver imputação do resultado.

---

116 *Derecho...*, op. cit., p. 373.
117 Luzon Pena. *Apud* Guillermo Julio Fierro. *Causalidad...*, op. cit., p. 411.
118 Renato de Mello Jorge Silveira. *Direito...*, op. cit., p. 83.
119 *Derecho...*, op. cit., p. 383.

Tal conclusão jurídica dá-se em razão de que, como no caso o dever de consultar um anestesista não tem a finalidade de provocar um prolongamento de curto prazo na vida da paciente, não se realizou na prática, com a infração do dever de cuidado, o perigo que a norma queria prevenir.

4.3.1.5 Criação do perigo e os cursos causais hipotéticos

Entende-se por curso causal hipotético aquele que seria realizado por outro autor, caso o primeiro não tivesse agido, e presumivelmente alcançaria o mesmo resultado.

Quem mata uma vaca alheia, que de qualquer modo seria sacrificada por razões de polícia sanitária, deverá ser responsabilizado pelo delito de dano[120].

Da mesma forma, incorre em responsabilidade penal quem corta árvore de outrem, mesmo que fosse essa a intenção de seu proprietário[121].

Nos dois exemplos, justifica-se a permanência da imputação, em razão de o resultado realizado ser a exteriorização de um perigo criado exclusivamente pelo seu autor.

Claus Roxin[122] tem como absurdo e produtor de impunidade um raciocínio excludente da imputação, baseado apenas na possibilidade hipotética de que outros poderiam executar o mesmo fato, caso o autor não o tivesse praticado.

4.3.1.6 O incremento do risco e as condutas alternativas conforme o direito

Quando uma conduta alternativa conforme o Direito conduz com segurança ao mesmo resultado, está excluída a imputação, já que no curso real dos acontecimentos não houve uma superação do risco permitido.

---
120 Claus Roxin, *Derecho...*, op. cit., p. 368.
121 *Ibid.*, p. 368.
122 *Ibid.*, p. 368.

No entanto, se a conduta alternativa conforme o Direito guarda a probabilidade ou possibilidade de evitar o resultado, o incremento do risco deve ser atribuído ao seu autor. Como há a possibilidade de o bem jurídico não ser lesado, se o comportamento do autor obedecer ao cuidado devido ou se se mantiver dentro dos limites do risco permitido, a imputação do agente fica na dependência da afirmação de que sua ação concreta aumentou as chances da lesão do bem jurídico, e o risco, por alguma forma, materializou-se no resultado[123].

Exemplo clássico é o do motorista de um caminhão que, ao ultrapassar um ciclista, não guarda uma distância adequada em relação à bicicleta, e o ciclista, desgovernado, cai sob as rodas do caminhão e morre. Constata-se, mais tarde, que o ciclista estava embriagado, levantando-se assim a probabilidade de que, se estivesse sóbrio, poderia ter evitado o acidente. Contudo, independentemente da embriaguez da vítima, o resultado morte deve ser imputado ao motorista do caminhão, porque seu comportamento irregular não só produziu o acidente como aumentou as chances de que ele ocorresse[124].

Entende Claus Roxin[125] não haver aqui campo para aplicação do princípio *in dubio pro reo*, já que não é lícito dividir um risco em uma parte permitida e outra não permitida, e averiguar separadamente, para cada uma, a realização do perigo. No caso, afirma Claus Roxin[126], o motorista ultrapassou os limites do risco permitido, criando um risco proibido em sua totalidade.

4.3.1.7 Consentimento da vítima

Em determinadas situações, a vítima participa de forma expressiva na realização do evento. Não como ator passivo, que sofre integral ou parcialmente os efeitos da ação, opondo-se psicológi-

---

123 Juarez Tavares, *Teoria* ..., op. cit., p. 288.
124 *Ibid.*, p. 288.
125 *Derecho*..., op. cit., p. 380.
126 *Ibid.*, p. 380.

ca e, muitas vezes, fisicamente a ela, como geralmente acontece. Participa com sua renúncia ao bem jurídico de que é titular.

Esse comportamento não considerado expressamente no Direito brasileiro vem sendo tratado por parte da doutrina pátria como uma causa supralegal de exclusão da ilicitude[127].

O Código Penal italiano contém norma sobre o assunto, estabelecendo no art. 50: *não é punível quem lesa ou põe em perigo um direito, com consentimento da pessoa que desse direito pode validamente dispor*. Entendida como causa de justificação, distingue os bens disponíveis dos indisponíveis, sendo que só os primeiros podem entrar na esfera do consentimento da vítima.

Sob a ótica da imputação objetiva, a doutrina alemã e parte da doutrina espanhola fazem distinção entre *acordo*, quando o consentimento é causa de exclusão do tipo, e *consentimento* propriamente dito, quando atua como causa de justificação, entendendo alguns desses autores que os requisitos para um e outro caso são distintos[128].

A diferença entre *acordo* e *consentimento* é sutil, e está relacionada com a exteriorização da vontade da vítima no segundo caso, o que não ocorre no primeiro[129].

A determinação de qual deverá ser a função dogmática do consentimento da vítima na responsabilização penal só é possível na imputação objetiva com o exame do caso concreto, por meio de uma interpretação teleológico-sistemática em cada tipo penal[130].

Ressalte-se que, em qualquer hipótese, somente os bens jurídicos individuais e disponíveis podem ser objeto de consentimento. Assim também essa disposição só terá repercussão penal se o consentimento for exercido de forma livre pelo titular do bem jurídico, com capacidade para o ato.

---

127 Aníbal Bruno. *Direito Penal*. Tomo 2. Rio de Janeiro: Forense, 1967, p. 19.
128 Paz Mercedes de la Cuesta Aguado. *Tipicidad...*, op. cit., p. 159.
129 Antonio Luís Chaves Camargo. *Imputação...*, op. cit., p. 181.
130 Paz Mercedes de la Cuesta Aguado. *Tipicidad...*, op. cit., p. 159.

4.3.1.8 Autocolocação em risco

Outra hipótese em que pode ocorrer a exclusão da imputação dá-se quando o perigo é provocado pela vítima e proveniente de sua vontade, mesmo conhecendo o risco existente em sua ação.

A razão da exclusão da imputação, nos casos em que a vítima se autocoloca em situação de perigo, assim como se dá quando ela consente com a agressão ao bem jurídico de que é titular, reside na linha político-criminal assumida pela teoria da imputação objetiva, focada em uma visão do Direito penal que deve agir como *ultima ratio,* analisando os tipos penais de acordo com sua finalidade dentro do contexto social em que atuam.

Por isso, em regra, a vítima, com capacidade de discernimento, conhecendo o perigo da posição em que se autocoloca, age diante do Direito por risco próprio, ainda que a sua decisão tenha, p. ex., origem em instigação de terceiro.

A instigação, na maior parte das vezes, não pode ser punida, por não encontrar respaldo em nenhuma função do Direito penal, que deve permanecer limitado ao necessário controle social. Ressalta-se que, apesar da instigação, a decisão sobre a prática da ação perigosa continua sob a esfera de domínio da vítima.

Mesmo em sistemas penais como o brasileiro, nos quais a instigação ao suicídio é punível, parece perfeitamente aceitável a exclusão da imputação naquelas hipóteses em que não se conforma uma ação suicida, mas apenas de autocolocação em perigo, o que é diferente.

Quem se propõe, na atualidade, ainda que sob instigação, a manter relações sexuais com parceiros ocasionais, e desatento às precauções devidas para evitar um contágio venéreo, poderá estar colocando em perigo a própria vida se vier a ser infectado pelo vírus da AIDS, sem que se esteja, no caso, diante de uma situação de suicídio.

Entende Günther Jakobs[131] que, nessa hipótese, a atipicidade deve ocorrer em relação ao infectante, desde que a vítima

---
131 *Apud* Marcelo A. Sancinetti. *Subjetivismo e imputación objetiva en derecho penal.* Buenos Aires: Ad-Hoc, 1997, p. 132.

conheça *algo*, ou a enfermidade ou o modo de vida arriscado do parceiro da relação. O que, no entanto, parece ser desnecessário diante do volume de informações a respeito da transmissão de doenças sexualmente transmissíveis, situação que já gerou, conforme a percepção de Sancinetti[132], a por ele denominada "síndrome do risco".

Se a exclusão da imputação deve ocorrer quanto àquele que transmitiu a doença, nem há o que se questionar em relação ao instigante.

O grande número de casos possíveis de autocolocação da vítima em situação de risco ou perigo, aliado ao fato de se tratar de um critério de origem político-criminal, impede a construção de regras gerais que possam servir indiscriminadamente a todas as situações.

Claus Roxin[133] comenta algumas decisões do Tribunal Superior Federal alemão sobre hipóteses de autocolocação em perigo pela vítima. Um caso refere-se a uma aposta de corrida de motocicletas entre A e B, em que ambos estavam embriagados, mas completamente imputáveis. Em virtude de erro cometido por ele mesmo, B falece em razão de acidente. O Tribunal condenou A, por entender ter ele "causado de modo contrário ao dever um resultado previsível e evitável". Quanto a essa decisão, Claus Roxin entende que, como B ainda se encontrava plenamente imputável, e por isso vislumbrava por completo o resultado, este não poderia ser imputado a A, por não se compreender no âmbito de alcance do tipo.

Em outra situação, A entrega heroína a B, para uso deste, estando ambos conscientes do perigo do consumo da droga. B injeta a substância e falece. Em caso semelhante, o Tribunal alemão já havia antes condenado o fornecedor de heroína por homicídio culposo. Entretanto, nesta decisão comentada por Claus Roxin, houve uma mudança da posição do Tribunal, reconhecendo a autocolocação em risco pela vítima, inocentando pela sua morte o

---

132 Marcelo A. Sancinetti. *Subjetivismo*..., op. cit., p. 133.
133 *Funcionalismo*..., op. cit., p. 354-361.

agente facilitador ou provocador da referida autocolocação. Lembra Claus Roxin, entretanto, que a simples entrega de tóxicos é severamente punida na Alemanha.

A mesma interpretação aplica-se, também, a todos os casos em que as pessoas se colocam em situações de risco para salvar alguém de um perigo que este último provocou, como um incêndio, um desmoronamento ou afogamento. Vindo a falecer o salvador, a morte não pode ser imputada àquele que foi salvo, mesmo tendo sido ele quem criou a primeira situação de perigo, já que são comportamentos de risco distintos.

Como já salientado, as possibilidades práticas são muitas e o importante é o alcance dessa construção doutrinária, que leva em consideração o homem e seu direito à autodeterminação, como parte integrante da sua dignidade.

5. Tomada de posição

Como a ideia reitora da imputação objetiva não está voltada para a constatação da relação entre circunstâncias, mas dirigida ao estabelecimento de critérios por meio dos quais se quer imputar a alguém determinado resultado típico[134], ela não disputa, dentro da teoria do delito, o mesmo espaço das teses causalistas.

A causalidade, como conceito relacionado com a realidade, permanece sendo um critério utilizado pelo Direito penal para a comprovação sobre a existência de um fato.

Se, por um lado, a relação de causalidade não consegue, por si só, informar se uma pessoa realizou ou não o tipo penal, já que para isso é necessária a utilização de critérios de caráter normativo, e interpretação teleológica do tipo aparentemente infringido, por outro, a imputação objetiva depende, muitas vezes, do conhecimento causal prévio para poder operar.

Mesmo que, na maioria das situações concretas, a investigação da questão causal seja desnecessária, por decorrer de maneira lógica e clara, isso não autoriza a dispensa, como regra geral, da

---
134 Cf. item 4.3 deste Capítulo.

apuração da causalidade por meio de métodos próprios que possam delinear a imputação do resultado típico a alguém.

Ocorre que, tendo em vista o problema causal em si se restringir à questão da escolha e aplicação de leis da natureza, que de uma maneira geral são conhecidas, tem-se criado, às vezes, a falsa impressão da desnecessidade do enfrentamento das questões causais para a responsabilização penal.

No entanto, não se pode ignorar que, em diversos casos penais, os conhecimentos jurídicos e de vida do julgador apresentam-se insuficientes para reconhecer os verdadeiros cursos causais, dependendo ele não só de informações de outras ciências como, em muitas situações, do auxílio de peritos, que no mais das vezes prestam informações com base em teorias ou experiências científico-naturais específicas.

É o caso, p. ex., das hipóteses penais que envolvem comportamentos médicos, nos quais a intervenção de perito é quase sempre obrigatória, já que os conhecimentos necessários para a apuração da causalidade fogem ao do homem comum, de que é portador o juiz.

Em tais situações, a origem do resultado será procurada na experiência médica e a resposta será dada pela causalidade natural.

Por sua vez, o julgador, de posse das informações do *expert* sobre a causa ou possíveis causas físicas de um evento, poderá ainda, em sua apreciação crítica, fazer uso dos critérios causalistas para selecionar, dentre as informadas, qual ou quais as causas interessam ao Direito penal.

Portanto, em que pesem as críticas que sofre a *teoria da equivalência das condições* adotada pelo sistema penal brasileiro e que se utiliza do método da *conditio sine qua non* e seu processo hipotético de supressão mental, ela não colide com a imputação objetiva, cuja atuação poderá ocorrer em momento posterior.

Esse posicionamento não implica aplausos ao legislador pátrio por ter optado pela teoria da equivalência, pois, conforme mencionado anteriormente[135], tem-se como procedente grande parte das críticas a ela feitas.

O que se afirma é a possibilidade de convivência dessa teoria causal com a imputação objetiva, abrindo as portas para que a última seja desde logo assimilada pelo Direito penal brasileiro.

No atual desenvolvimento da sociedade, e com o avanço das preocupações com as transgressões penais, não se pode perder a perspectiva de uma ciência penal aberta, que possa oferecer respostas reais para problemas verdadeiros. Para tanto, merecem ser consideradas tanto a criação de novos caminhos quanto a manutenção daqueles que, por qualquer forma, mostram-se aptos a servir ao Direito penal em suas funções essenciais, de limitar o poder do Estado e combater a criminalidade, protegendo a sociedade em ambos os aspectos.

De imediato, a incidência dos critérios e métodos da imputação objetiva logo depois da a explicação causal serve de fator de garantia, resolvendo o maior problema da relação de causalidade, que é a ausência de limites à sua extensão. Por sua vez, soluciona, ainda, diversos casos até então não respondidos pela concepção exclusivamente causalista.

---

[135] Cf. item 2.1.2 deste Capítulo.

Capítulo 3

A OMISSÃO PRÓPRIA E A OMISSÃO IMPRÓPRIA: SITUAÇÃO ATUAL NA DOGMÁTICA JURÍDICA PENAL

1. Considerações iniciais

Pensar em delito sempre esteve relacionado com a lógica de uma ação em sentido estrito, possibilitando aos comportamentos omissivos ocuparem um segundo plano dentro do Direito penal.

No entanto, os rumos tomados pelos povos civilizados durante o período da modernidade e industrialização encarregaram-se de criar novos comportamentos humanos, fazendo com que, na atualidade, a conduta omissiva seja vista tal qual uma alternativa entre as ações penalmente reprovadas. Não há como negar que o atropelamento de um pedestre tanto pode ocorrer em razão de se acelerar o veículo ou por não freá-lo. E essa ocorrência pode, ainda, dependendo das circunstâncias, não ter nenhuma repercussão penal para a atual sociedade, entendida como uma *sociedade de risco*, que exige um outro olhar do Direito penal em relação às ações do homem que nela vive e a compõe.

Conforme adverte Niklas Luhmann[1]: "pode ocorrer que um ladrão roube minha prataria, mas qual é a relevância disso em

---
1 *Sociologia do Direito II*. Trad. Gustavo Bayer. Rio de Janeiro: Edições Tempo Brasileiro, 1985, p. 54-55.

comparação com a falência do meu banco, a demissão do meu emprego, a mudança do código de obras do meu município, a greve das minhas fábricas, ou até a greve em importantes serviços públicos?"

É sob essa perspectiva, de uma sociedade com outros valores em que aumenta a sensação de insegurança, e as ameaças nem sempre residem em comportamentos juridicamente proibidos, que as condutas jurídico-penais, incluída a omissão, têm sido objeto de estudo e revisão por novas teorias.

Dentre essas teorias destacam-se as vinculadas ao sistema funcionalista ou teleológico-racional do delito.

2. As correntes funcionalistas

As denominadas correntes "teleológico-racionais" ou "funcionalistas" buscam construir um modelo de Direito penal mais poroso às remodelações político-criminais[2].

Apresentam-se com a proposta de corrigir os modelos racionalistas e finalistas, criticando as estruturas ontológicas propostas por Hans Welzel, enfatizando que o Direito penal não deve partir dessas estruturas lógico-objetivas, mas exclusivamente de seus próprios fins[3]. Portanto, a ação passa a ser normativa e valorada sob o enfoque político-criminal.

Essas correntes tomam por base as diretrizes do neokantismo, especialmente a construção teleológica de conceitos e a materialização das categorias do delito, ordenando esses pontos segundo a missão constitucional do Direito penal, de proteger bens jurídicos por meio da prevenção geral ou especial[4]. Exceção feita quanto a este último aspecto pela teoria de Günther Jakobs[5],

---

2   Luiz Regis Prado. *Teorias...*, op. cit., p. 54.
3   *Ibid.*, p. 54.
4   Luis Greco. *Introdução...*, op. cit., p. 5.
5   Günther Jakobs. *Qué protege el derecho penal:* bienes jurídicos o la vigencia de la norma? Trad. Manuel Cancio Meliá. Buenos Aires: Ediciones Jurídicas Cuyo, 2002, p. 17-18.

que considera ser missão do Direito penal a proteção da validade das normas.

Com a pretensão de não só explicar o sistema jurídico, mas verificar o comportamento de todo o sistema social, as propostas funcionalistas aceitam que o sistema penal recepcione outras ciências, como a Sociologia, a Filosofia, a Psicologia e a Criminologia, possibilitando a edificação de um Direito penal mais próximo da realidade, apto a acompanhar as transformações da sociedade.

A sistemática funcional consegue aliar a política criminal aos avanços científicos que lhe são informados pelas outras ciências, fazendo com que o teleologismo por ela pregado não represente um afastamento da realidade.

Entretanto, como pode parecer à primeira vista, a visão teleológica não se distancia do dogmatismo, mas propõe critérios que auxiliem na solução de situações em que os dogmas axiológicos não se apresentem suficientes. Visando garantir a segurança jurídica nesses casos, evitando o arbítrio jurisdicional com a criação de diversificadas soluções aleatórias, baseadas em valores e princípios não coincidentes, o funcionalismo busca desenvolver critérios consistentes dentro da teoria do delito para receber os conceitos de política criminal, dotando-os de conteúdo científico[6].

A transformação proposta pelos modelos funcionalistas leva, portanto, à reestruturação da dogmática da parte geral do Direito penal, sem petrificar-se em dogmas e ortodoxias, já que os contornos político-criminais do funcionalismo dão espaço a inúmeras possibilidades de construção[7].

Por acreditarem na capacidade motivadora da norma, as propostas funcionalistas elegem o aspecto preventivo da pena, negando o seu caráter retributivo.

Na atualidade, duas grandes tendências do funcionalismo invadem, a partir da Alemanha, a ciência jurídico-penal da Europa, e estão sendo introduzidas no Brasil e em diversos outros países da América Latina.

---

6 Pierpaolo Bottini. *Funcionalismo...*, op. cit., p. 70.
7 Luis Greco. *Introdução...*, op. cit., p. 8.

Uma delas, tida como radical, é sustentada por Günther Jakobs, denominada de funcionalismo normativista, e como o próprio nome sugere, defende um funcionalismo preocupado principalmente com a manutenção do sistema normativo.

A outra, de caráter teleológico, e que encontra em Claus Roxin seu maior defensor, apoia um *funcionalismo moderado,* voltado para a proteção dos bens jurídicos, utilizando como instrumento a política criminal.

2.1 Funcionalismo moderado

Tendo Claus Roxin o seu maior defensor, o funcionalismo moderado ou teleológico-racional persegue uma unidade sistemática de política criminal e Direito penal[8]. Parte da observação de que na Alemanha, fruto das propostas de Franz von Liszt, a dogmática e a política criminal constituem domínios separados, faltando-lhes a necessária comunicação.

O objetivo do funcionalismo sustentado por Claus Roxin é o de superar o dualismo metódico de Franz von Liszt, introduzindo a política criminal no seio da elaboração dogmática[9].

Enquanto para Franz von Liszt a política criminal é o limite extremo da dogmática, entende Santiago Mir Puig[10] que Claus Roxin a coloca como seu limite interno, adiantando, assim, a sua função.

A partir desse alicerce, Claus Roxin confere significado político-criminal às concretas categorias do delito: tipicidade, antijuridicidade e culpabilidade, buscando sistematizá-las segundo esse significado.

Por intermédio da aliança entre a sistematização e as considerações de política criminal, entende o autor ser possível obter maior segurança jurídica que decorre também da claridade do sistema.

---

8   Santiago Mir Puig. *Introducción...,* op. cit., p. 264.
9   *Ibid.,* p. 264.
10 *Ibid.,* p. 264.

O funcionalismo moderado defende que a finalidade do Direito penal deve ser a de proteção dos bens jurídicos. Não apenas de bens jurídicos derivados de um conceito puramente individualista, como prega a Escola de Frankfurt, e que tem Winfried Hassemer o maior divulgador[11], mas todos aqueles bens provenientes da Constituição e do Estado de Direito, baseados na liberdade do indivíduo[12].

Na construção das categorias específicas do delito, o funcionalismo moderado recorre, muitas vezes, a constatações fáticas, extraindo daí os elementos para fundamentar e limitar a aplicação da lei penal.

Claus Roxin[13] esclarece que a valoração político-criminal é apenas um primeiro passo, o fundamento dedutivo do sistema, que deve ser complementado pela indução, ou seja, por um exame apurado da realidade e das situações a serem valoradas a partir de diferentes grupos de casos. Assim, o jurista deve proceder dedutiva e indutivamente ao mesmo tempo.

Entende Claus Roxin[14] ser esse método muito mais próximo à vida, equitativo e flexível, do que um sistema determinado com base em definições. Por ser aberto aos fatos novos, não deixa casos sem solução jurídica.

2.2 Funcionalismo radical

Considerando seu maior representante e divulgador, Günther Jakobs prega um sistema funcionalista que busca a superação do finalismo de Hans Welzel e suas estruturas lógico-objetivas.

Em nome da estabilização social propõe a racionalização do sistema normativo penal, que deve caminhar em direção a seus fins.

---

11 Gonzalo D. Fernández. *Bien jurídico y sistema del delito*. Buenos Aires: IB de f, 2004, p. 61-62.
12 Claus Roxin. *Derecho...*, op. cit., p. 55.
13 Claus Roxin. *Funcionalismo...*, op. cit., p. 252.
14 *Ibid.*, p. 255.

O ponto de partida da teoria de Günther Jakobs está na função primordial do Direito penal, que é a de defender a sociedade, e a vigência da norma é encarada como um bem jurídico-penal. Nesse esquema, o Direito penal é o instrumento apropriado para garantir a funcionalidade de determinada sociedade, e esta funcionalidade só será garantida se as normas forem respeitadas.

Por isso, esse sistema tem a afirmação da validade das normas como o mais importante fim do Direito penal, deixando em segundo plano a proteção a bens jurídicos.

A teoria funcionalista-sistêmica da sociedade assumida por Günther Jakobs tem raiz nos estudos sociológicos de Niklas Luhmann, segundo os quais o jurídico é um subsistema do sistema social global[15]. Dentro do sistema social, as possibilidades do agir humano são inúmeras e aumentam com o grau de complexidade da sociedade em questão[16]. Como não está só, o homem interage e, ao tomar consciência da presença de outros, surge uma perturbação, por não saber ao certo o que esperar do outro nem o que o outro espera dele[17]. São essas expectativas que orientam o agir e interagir dos homens em sociedade, diminuindo a complexidade, dando mais previsibilidade e segurança à vida[18].

Baseado em Niklas Luhmann, entende Günther Jakobs que cada pessoa é portadora de certos papéis sociais, geradores de expectativas nas outras pessoas, que é o que delas se espera no cumprimento de seus papéis.

Assim, uma pessoa é garante das expectativas que gera e a quem compete organizar-se de modo a não produzir decepções, não violar normas penais. De um pedestre espera-se que não se atire diante de um veículo em movimento. De um eleitor espera-se que não venda o seu voto, nem fraude de nenhuma forma a eleição.

---

15 Juarez Tavarez. *Teoria...*, op. cit., p. 59.
16 Luis Greco. *Introdução...*, op. cit., p. 7.
17 *Ibid.*, p. 7.
18 *Ibid.*, p. 7.

Ao lado desse papel geral e comum, as pessoas têm um *status* especial, por exemplo, como mãe, pai, médico e outros.

Tanto em relação ao papel social geral, quanto ao especial, o fundamento da responsabilidade é sempre a quebra das regras desses *status*.

Nesse sistema, as normas penais dão à sociedade a sua conformação real, pois são as expectativas descritas de uma maneira contrafática e que devem ser conhecidas por todos.

Ocorrendo a decepção, a sanção é a reação que se apresenta para manter a credibilidade do sistema normativo.

Já que para esse modelo todas as pessoas são garantes das expectativas que criam em razão dos papéis que exercem na sociedade, deixa de ter grande importância a clássica distinção entre delitos comissivos e omissivos.

Entende Günther Jakobs[19] que a dogmática do Direito penal, ao estabelecer um hiato mais ou menos violento entre ação e omissão, criou um problema onde não havia.

Por isso ele propõe uma fórmula unitária da posição de garante tanto para os crimes comissivos quanto para os omissivos, e afasta, assim, a ideia naturalista de ser a posição de garantia exigida apenas para os crimes omissivos impróprios.

Em tal sistema, o que importa é a diferença entre o *status* geral da pessoa (pedestre, eleitor, motorista etc.), que tem origem no mandato jurídico: "respeita os outros como pessoas", e o *status* especial de alguns cidadãos, que nasce de instituições (pai, tutor, médico, funcionário público etc.), e que gera um mandato jurídico de proteção.

Como em qualquer das hipóteses existe a posição de garante, Günther Jakobs costura sua tese sobre a indiferença jurídica entre ação e omissão para prevalecer apenas a contraposição entre o *status*, ou papel geral da pessoa, e o dever oriundo do papel especial ou institucional.

---

19 Günther Jakobs. *Ação e omissão no direito penal*. Trad. Maurício Antonio Ribeiro Lopes. Barueri, SP: Manole, 2003, p. 34.

3. Conceito de omissão: tomada de posição

3.1 Revisita aos conceitos de omissão de Claus Roxin e Günther Jakobs

Ao defender um *supraconceito* que envolve ao mesmo tempo a *ação* e a *omissão*, Claus Roxin[20] indica a possibilidade de a infração penal ser praticada por uma ou outra forma, servindo de *elemento básico* da teoria do delito.

Esse elemento básico é considerado por Claus Roxin uma *manifestação da personalidade do agente*.

Assim, uma conduta, tanto omissiva quanto comissiva, só interessará ao Direito penal se corresponder a uma manifestação da personalidade de seu autor.

Pela mesma lógica, Claus Roxin[21] afirma, também, somente poder ser considerada ação ou omissão para efeitos penais aquilo que se pode atribuir a um ser humano como centro anímico espiritual de tais condutas, excluindo dessa maneira todas as situações que fogem ao controle do "eu".

Dentro ainda dessa teoria, segundo seu autor, existem algumas omissões em que a manifestação da personalidade só se caracterizará se decorrer do tipo uma expectativa de ação, sendo essas expectativas que transformam um "nada" em uma omissão jurídica. Essas expectativas tanto podem advir de valores sociais pressupostos pela norma quanto de valores nela descritos, sendo que, neste último caso, para se determinar se existe omissão, é preciso ingressar na tipicidade.

Portanto, no entender de Claus Roxin, não basta *não fazer*, pois a omissão penalmente punível decorre de *não fazer algo determinado,* seja em função de valorações sociais ou normativas.

Enfim, por tal linha, será omissão a não realização de tudo aquilo que a sociedade espera que se deva fazer ou cuja realização seja imposta por lei, penal ou extrapenal. Fica esclarecido

---

20 Cf. itens 1.8.2 e 2.7.2 do Capítulo I.
21 *Derecho...*, op. cit., p. 265.

que a lei extrapenal referida por Claus Roxin pode ser proveniente de qualquer classe, como a que estabelece normas de conduta ou deveres para determinadas funções ou profissões, e integram o tipo penal nos casos de infração de um dever[22].

Da mesma forma que Claus Roxin, Günther Jakobs[23] também engloba no mesmo conceito a ação em sentido estrito e a omissão. Afirma haver apenas uma delimitação de natureza técnica entre o dever negativo e o dever positivo, ou entre o delito comum e o delito de infração de dever[24].

Para Günther Jakobs[25], já que qualquer pessoa é garante da não produção de resultados lesivos à sociedade, não é por essa trilha que se chegará a uma distinção entre ação e omissão. O critério-chave, segundo ele, reside na *competência,* seja como consequência de um *status* negativo, residente no dever de não lesar os demais, seja a consequência de um *status* positivo, como dever de configurar plena ou parcialmente um mundo em comum. Na primeira hipótese, o agente responde por haver produzido uma piora na situação do outro, como se dá no caso de um motorista imprudente atropelar um pedestre sobre a faixa própria para travessia da rua, ou seja, se o agente não estivesse naquele local, a vítima não teria sido afetada. No *status* positivo, a vítima encontra-se indefesa ou necessita de auxílio, respondendo o agente pela lesão de um dever personalíssimo de defender ou auxiliar, que é a situação da mãe que não evita o procedimento do pai de envenenar o filho de ambos, respondendo pela morte, e não apenas como partícipe.

Dos dois posicionamentos sobre a omissão, de Claus Roxin e Günther Jakobs, ainda que não coincidentes, extrai-se com clareza inexistir, no entender deles, qualquer diferença relevante para

---

22 Claus Roxin. *Política criminal y sistema del derecho penal.* Trad. Francisco Muñoz Conde. Buenos Aires: Hamurabi. 2002, p. 62-63.
23 Cf. itens 1.8.3 e 2.7.3 do Capítulo I.
24 Günther Jakobs. *Autoria mediata e sobre o estado da omissão.* Trad. Maurício Antonio Ribeiro Lopes. Barueri, SP: Manole. 2003, p. 56.
25 Günther Jakobs. *A imputação...,* op. cit., p. 64-65.

o Direito penal, a forma da conduta que dá início ao desenrolar delituoso, se por ação ou omissão, enquanto considerado o seu caráter naturalista, importando sim a possibilidade de se imputar a conduta ou seus efeitos a alguém.

3.2 Opção pelo conceito de omissão de Claus Roxin e a possibilidade de agir

Na atual discussão doutrinária em torno da omissão, prefere-se a posição de Claus Roxin, adepto de uma concepção funcionalista moderada do Direito penal, preocupada em atender aos seus fins por meio de critérios da imputação objetiva, e que parte da necessidade da dogmática ser orientada pela política criminal.

Baseado na "expectativa de ação", traduzida por uma conduta, social ou legalmente esperada, o conceito de Claus Roxin sobre omissão, localizado dentro do supraconceito de ação, pressupõe duas situações: ser a conduta omitida socialmente esperada ou ser ela legalmente exigida.

Sendo negativas as duas situações, não há, para o conceito roxiniano, falar em omissão de interesse jurídico-penal.

Em realidade, o que importa então saber é sobre a relevância da conduta. Relevância social ou apenas normativa.

Na teoria de Claus Roxin[26], quando o legislador estabelece no tipo uma "expectativa", sem que ela coincida com uma "expectativa" social, o seu não cumprimento converte a inatividade em uma omissão exclusivamente típica, uma vez que, antes da inserção daquele dever no tipo, sua realização era um nada. Neste caso, segundo o mesmo autor, sem a exigência típica não se pode nem mesmo falar em uma manifestação da personalidade.

Quanto à manifestação da personalidade, Claus Roxin[27] indica como critérios de sua codeterminação as múltiplas categorias

---
26 *Derecho...*, op. cit., p. 257.
27 *Ibid.*, p. 257.

valorativas, privadas, sociais, éticas e também jurídicas, sendo que estas últimas, às vezes, constituem-na pela primeira vez.

Em síntese, Claus Roxin tem a omissão como uma manifestação da personalidade, que se dá por meio da não realização de uma ação esperada pela sociedade ou que a lei, penal ou acessória, obrigue sua realização.

Deixou Claus Roxin, entretanto, de abordar em seu conceito de omissão a *possibilidade* de realização da conduta esperada, que, para Richard Honig[28], é o elemento que confere ao não fazer o significado de omissão, pois mesmo ficando demonstrada, por meio da teoria da equivalência, a existência de um nexo lógico com uma condição, inexistirá a omissão, porque na situação concreta não haveria considerar o resultado como objeto de uma manifestação da personalidade, por faltar a *possibilidade* de controle do processo causal.

Enquanto em uma conduta comissiva a sua realização é suficiente para demonstrar a sua possibilidade, isso não se dá nos comportamentos omissivos, já que não possuem a referida base de verificação, sendo por isso necessário o esclarecimento sobre a possibilidade da conduta.

Tanto nos chamados delitos omissivos próprios, quanto nos denominados omissivos impróprios ou de comissão por omissão, para que se possa verificar a relação imputativa é preciso que se tenha como certa a possibilidade de o agente ter atuado.

Essa análise pode ser feita *a priori* nos casos concretos em que a impossibilidade de conduta mostre-se evidente, tais como estar o agente desmaiado, narcotizado ou impedido por força física, bem como, ainda, ser ele portador de uma restrição física que o impeça de agir, naquela ou em diversas circunstâncias, e que pode se dar tanto pelo porte físico, muito gordo ou muito fraco, ou por estado de deficiência, paraplegia, cegueira e outras.

Condições naturais também podem se apresentar como empecilho à conduta, fazendo com que, p. ex., um guarda-vidas não

---

28 *Apud* Claus Roxin. *Problemas Fundamentais...*, op. cit., p. 146 e 162.

desenvolva seu trabalho salvador em razão de fortes ondas no mar ou excessiva correnteza em um rio.

Um outro método de caráter precedente sobre a possibilidade de atuar, i.é, sem que haja necessidade de ingressar na seara da culpabilidade, e bastante difundido entre os finalistas, é o da consideração dos parâmetros do homem médio, e sua hipotética atuação no caso concreto, decidindo-se, a partir daí, se houve ou não omissão penalmente relevante. Técnica, contudo, de base ontológica, não prestigiada pela teoria da imputação objetiva.

Em uma situação prática, primeiramente se analisará, por meio dos critérios da expectativa social ou legal, se houve ou não uma omissão. Confirmada a existência desta, será viável questionar sobre a possibilidade de ter existido uma real ação, ou seja, a realização do comportamento esperado. Desse momento em diante se examinará com base nos critérios próprios da imputação objetiva, sobre perspectiva de se imputar o comportamento omissivo ou seu resultado a alguém.

É possível, assim, a partir da concepção de Claus Roxin, estabelecer um conceito de omissão como uma manifestação da personalidade, que se dá por meio da não realização de uma ação socialmente esperada ou legalmente exigida, tendo o agente possibilidade de realizá-la.

4. A tipicidade nos crimes omissivos

4.1 As formas de tipificação

Os delitos omissivos próprios ou puros, por consistirem na realização de conduta negativa descrita pela lei, não oferecem dificuldade no campo da tipicidade para verificação de sua moldura abstrata.

Já em relação à omissão imprópria, sobrevive na maior parte das legislações o problema da equivalência entre a não realização de uma conduta para impedir o resultado e o ato positivo de executá-lo, gerando a necessidade de adequação da omissão a um tipo que se estrutura sobre uma ação positiva.

Em busca de solução para esse problema de tipicidade da omissão imprópria, e com isso responder à questão da legalidade, tão exigida em matéria penal, três opções têm-se mostrado mais comuns entre os diversos sistemas penais.

Uma delas é a adotada pelo Código Penal brasileiro a partir da reforma de 1984, relacionando no § 2º do artigo 13 os garantes, ou seja, todos aqueles que, por sua especial posição, podem ser sujeitos ativos dos crimes omissivos impróprios. Por sua vez, estando estes delitos fundamentados na não evitação do resultado típico por parte de quem tem o dever legal de evitá-lo, a verificação de sua tipicidade dá-se com a combinação do tipo penal da parte especial do Código Penal que descreve o resultado não tolerado socialmente, com uma das alíneas do mencionado § 2º do art. 13 do mesmo código.

O mesmo sistema, como já visto, é adotado pelo Código Penal espanhol de 1995[29].

Uma outra fórmula, mais ampla que a brasileira e a espanhola, é a acolhida pelos Códigos Penais alemão[30] e português[31], que promovem a equiparação entre a omissão e a ação com base na contrariedade a um dever jurídico, indicando de forma genérica a posição de garante como sujeitos ativos especiais dos delitos omissivos.

A terceira opção é a que orienta o Direito penal belga[32], e encontra muitos adeptos na doutrina[33], traduzindo-se na punição da omissão apenas nos casos legalmente regulados e não havendo norma geral de equivalência entre a omissão e a ação.

Uma vez que a grande preocupação da doutrina em relação às fórmulas genéricas adotadas pelas diversas legislações refere-se às questões da legalidade e da taxatividade, a proposta belga de

---

29 Cf. item 6.3 do Capítulo I.
30 Cf. item 6.2 do Capítulo I.
31 Cf. item 6.1 do Capítulo I.
32 Carmo Antônio de Souza. *Fundamentos...*, op. cit., p. 36.
33 A respeito, Sheila Bierrenbach menciona Armin Kaufmann e Grünwald na Alemanha e Suzana Huerta Tocildo na Espanha. *Crimes...*, op. cit., p. 103.

criação de *numerus clausus* de tipos de comissão por omissão ou omissão imprópria apresenta-se como solução formal ao problema, ainda que abra lacunas de punibilidade.

É certo, entretanto, que o tema permanece carente de aperfeiçoamento, uma vez que as doutrinas dominantes não conseguem atender ao estágio atual da sociedade, prevalentemente de risco.

4.1.1 O tipo de omissão própria

Ao tipo objetivo dos delitos de omissão pura deverão concorrer os elementos da *situação típica, ausência da ação esperada* e *possibilidade de realização da ação esperada.*

A *situação típica* é aquela descrita no tipo, da qual se deduz na casuística o conteúdo do dever de atuar.

A *ação esperada* pela legislação é a manifestação da personalidade do agente para atender a expectativa social descrita no ordenamento jurídico.

O agente em condições de perceber e entender (manifestação da personalidade) a *situação típica*, e que tem o dever legal de praticar a *ação esperada,* deve, ainda, ter a *possibilidade física e natural* de realizar a referida ação.

Não havendo possibilidade geral ou individual de ação, apurável *ex ante,* fica excluída desde logo a omissão.

Nos casos em que a impossibilidade individual de atender à expectativa de ação depender de demonstração, a omissão só será afastada por meio de declaração formal do sistema penal, com análise dos demais elementos do crime.

Cabe também continuar no exame do delito de omissão quando o seu tipo objetivo tiver sido cumprido integralmente, independentemente da ocorrência ou não de um resultado lesivo, e se a imputação não tiver sido afastada por um dos critérios da imputação objetiva, objeto de análise deste trabalho.

O tipo subjetivo na omissão própria, tal qual nos demais crimes, está contido no tipo objetivo, espelhando a manifestação da personalidade do agente em conflito com a expectativa social.

Realizando-se o delito dolosamente, o dolo deverá abranger todos os elementos do tipo, especialmente a consciência da tipicidade da situação e a decisão de não atuar.

4.1.2 O tipo de omissão imprópria

As legislações, como a penal brasileira pós-reforma de 1984, e espanhola a partir do Código Penal de 1995, que adotaram o modelo de cláusula genérica sobre a omissão contida na parte geral de seus respectivos códigos, com indicação dos que ocupam a posição de garante, para ser combinada com a maioria dos tipos penais da parte especial, em que são descritos os resultados não tolerados socialmente, terminaram por edificar estruturas típicas de omissão imprópria, que, na base, são muito semelhantes às da omissão própria.

As diferenças residem nos elementos especiais exigidos pela omissão imprópria, que são: *a posição de garante* do sujeito ativo e *a produção de um resultado.*

A *posição de garante* é uma criação do direito, extraída da doutrina, que obriga determinadas pessoas à concreta posição de protetor de bens alheios.

Isso implica que, na omissão imprópria, para que a ausência de ação possa ser considerada equivalente a uma conduta causadora do resultado, é necessário que quem se omite apareça em uma especial função de garantidor da incolumidade do bem jurídico lesionado. De tal forma, não é a qualquer pessoa que se pode imputar o resultado desses delitos, mas somente àquelas que tenham o dever jurídico de evitar o evento.

No Código Penal brasileiro as pessoas em posição de garante estão formal e taxativamente indicadas no § 2º do artigo 13, na seguinte ordem: a) tenha por lei obrigação de cuidado, proteção ou vigilância; b) de outra forma, assumiu a responsabilidade de impedir o resultado; c) com seu comportamento anterior, criou o risco da ocorrência do resultado.

Posições que, de acordo com a moderna teoria da imputação objetiva, que leva em consideração os riscos gerados pela atual sociedade em desenvolvimento, devem ter suas responsabilidades ou deveres de garantia limitados pelos riscos permitidos por essa mesma sociedade[34].

Quanto à *produção de um resultado*, diferentemente da omissão própria, que não requer um resultado lesivo para completar o tipo objetivo, a omissão imprópria exige a ocorrência de um evento para a sua configuração típica.

Há doutrinadores que apontam, ainda, como exigência na omissão imprópria, ao lado da possibilidade de agir, que também é requisito da omissão própria, *a capacidade de evitar o resultado*[35]. Posição, entretanto, sem uma definição clara e que se confunde com poder real, físico, de atuar do garante, já incluído na possibilidade de agir.

4.1.3 Os garantidores na omissão

Já se viu anteriormente que a denominada posição de garante tem origens em Schaffstein[36], que lançou mão de critérios como "atuação precedente perigosa" e "proximidade do omitente com o bem jurídico protegido", para equiparar o omitente ao autor em sentido estrito do correspondente delito comissivo, completando assim o tipo objetivo da omissão.

Foi Johannes Nagler[37], entretanto, quem indicou como fontes formais das posições de garante a lei, o negócio jurídico e o atuar precedente, conforme ainda subsiste majoritariamente na doutrina, como um dos critérios de classificação dos autores especiais dos delitos omissivos impróprios.

Contudo, por considerar que a classificação formal não leva em consideração o conteúdo do dever jurídico, dificultando a delimitação das posições de garantia, Armin Kaufmann propõe a conciliação desse critério com elementos materiais, como forma

---

34 Cf. item 3.2.1 do Capítulo IV.
35 Paz Mercedes de la Cuesta Aguado. *Tipicidad...*, op. cit., p. 221.
36 Cf. terceiro grupo, letra "d" do item 6.2 do Capítulo I
37 Cf. terceiro grupo, letra "d 1" do item 6.2 do Capítulo I.

de superar a dificuldade por ele apontada. Em sua teoria, Armin Kaufmann distingue dois grupos de garantes, separando aquele com a obrigação de proteger determinados bens jurídicos contra toda classe de ataques, e, portanto, com o dever de cumprir uma função protetora, daquele em que os garantes estão obrigados ao controle de uma fonte de perigo, e por isso com uma função de segurança ou vigilância[38].

Na função de proteção, incluem-se as situações de garantia assumidas pelo sujeito ou impostas pelo direito, e apresentam uma ligação do garante com a pessoa a quem se deve custódia e proteção contra danos.

Já na função de segurança estão inseridos aqueles que têm, por dever, vigiar determinadas fontes de perigo, e especialmente os que com sua atuação anterior criaram, voluntariamente, um risco não permitido para bem jurídico de terceiro. Adianta-se aqui que, a teor da teoria da imputação objetiva, só haverá incidência da norma penal nas hipóteses de atuar precedente ou ingerência, se o resultado lesivo tiver advindo, ao menos, da imprudência de quem criou o perigo, já que o elemento essencial dessa teoria é exatamente a criação de um risco ou perigo juridicamente desaprovado.

É preciso ressaltar que, tanto pela ótica exclusivamente formal quanto pela perspectiva unicamente material, não se resolve a questão da posição de garante nos crimes omissivos impróprios. Se por um lado, o critério formal de Johannes Nagler deixa a descoberto a qualidade da posição de garante, por não levar em consideração que essa posição deve ter por foco o bem jurídico, não se satisfazendo com a simples existência de uma fonte do dever de garantia, por outro vértice, o modelo material, se aplicado isoladamente, abre caminhos a uma ilimitada extensão a respeito da obrigação de atuar.

Assim, a orientação mais viável para enfrentar as intrincadas questões das posições de garantia nos delitos omissivos consiste na combinação dos critérios formal e material, como fazem

---

38 Carmo Antônio de Souza. *Fundamentos...*, op. cit., p. 88.

atualmente a jurisprudência e a doutrina de diversos países europeus[39], e especialmente as que adotam a teoria da imputação objetiva, e que se espera seja acolhida no Brasil.

Relembrando apenas que Günther Jakobs[40], por considerar que a sociedade interage ao redor das expectativas do papel social desenvolvido, individualmente pelos membros dessa mesma sociedade, e que se tornam responsáveis pelas decepções provocadas no cumprimento do referido papel, apregoa a posição de garante como pressuposto de todo tipo de ilícito, e não apenas dos delitos omissivos impróprios.

---

39 Sheila Bierrenbach. *Crimes...*, op. cit., p. 74.
40 Cf. item 1.8.3 do Capítulo I.

Capítulo 4

CRIMES OMISSIVOS E IMPUTAÇÃO OBJETIVA

1. Constatação sobre a existência de um fato

A imputação objetiva, entendida como um método de análise do fato típico que tem por escopo, na aplicação da lei penal, atribuir responsabilidade àquele que determinou a violação de valores sociais, parte de dados confiáveis que permitam explicar a intervenção do Direito penal na atuação da sociedade. Os dados ditos confiáveis são todos aqueles que compõem a ação em sentido genérico, com toda a sua complexidade, e que devem ser analisados desde um ponto de vista *ex ante,* segundo os conhecimentos do nosso tempo, inferindo-se a partir daí pela imputação objetiva de uma ocorrência a alguém.

Nesse raciocínio, a constatação sobre a existência de um fato constitui-se no marco inicial para o desenrolar da reprovação penal por meio dos critérios da imputação objetiva.

Entretanto é importante anotar, desde logo, não ser correto equiparar uma simples ação ou omissão com a presença de um fato.

O fato aqui é tomado a partir da conduta, que será analisada por meio de uma teoria causal, que no caso brasileiro é a teoria da equivalência das condições, expressamente disposta no art. 13 do Código Penal.

O texto do referido artigo, além de delinear a relação de causalidade, alicerçada na teoria da condição, estabelecendo que "causa será a ação ou omissão sem a qual o resultado não teria ocorrido", ainda orienta o processo de imputação sobre uma base pessoal, fixando que "o resultado de que depende a existência do crime somente é imputável a quem lhe deu causa". Orientação que torna indispensável que o resultado, quando existente, seja atribuído objetivamente como obra do agente. Posição esta, afinada com a teoria da imputação objetiva na tarefa de aplicação da lei penal àquele que, por obra sua, determinou a violação de valores vigentes.

Pois bem, como o mesmo dispositivo penal enfocado fixa como *causa*, tanto a ação quanto a omissão, admitindo assim a causalidade nos delitos omissivos, o processo de imputação objetiva deve ser a eles estendido, ainda que os métodos tradicionais de apuração da relação causal a eles não se apliquem.

Assim sendo, antes de se passar ao exame da forma como os critérios da teoria da imputação objetiva, a partir da tese de Claus Roxin, podem ser aplicados aos comportamentos penais omissivos, é preciso que se verifique, primeiramente, por quais caminhos se resolve a questão da causalidade nestes crimes, como prova da existência de um fato.

É o que será feito nos dois próximos itens deste trabalho.

2. A causalidade nos delitos omissivos

2.1 Omissão própria

Considerado um dos grandes e lamentáveis problemas artificiais desenvolvidos dentro do Direito penal do séc. XX[1], a causalidade nos crimes omissivos é apontada por Franz von Liszt[2]

---

1 Guillermo Julio Fierro. *Causalidad...*, op. cit., p. 367.
2 Franz von Liszt. *Tratado de derecho penal*. Trad. L. Jiménez de Asúa. Madrid: Rens, 1929. p. 317.

como uma das disputas mais infrutuosas que a ciência penal já sustentou.

As muitas e variadas teorias sobre a questão causal no Direito penal dedicaram-se quase que exclusivamente ao problema da causalidade nos delitos de ação, deixando em segundo plano as condutas omissivas, e especialmente as denominadas omissivas próprias.

A dificuldade em relação ao estudo da causalidade na omissão sempre residiu no fato de que, por uma ótica estritamente alicerçada na realidade natural, do nada nada pode surgir, *ex nihilo nihil fit*. Bem por isso, nem a natureza nem as ciências que dela se ocupam conhecem as omissões.

No entanto, uma vez que os problemas que devem ser enfrentados pelo Direito penal são distintos daqueles normalmente encontrados no mundo material, os recursos e instrumentos a serem utilizados na busca de soluções para tais problemas necessitam de características próprias.

Assim, tomada de frente a situação e admitindo-se que a omissão na ciência jurídica deve ser considerada a partir de um enfoque normativo, ou seja, um "não fazer algo devido e exigido pela lei", as dúvidas logo se dissipam.

A partir desse prisma, a impossibilidade lógica do *ex nihilo nihil fit* deixa de ter significado, numa demonstração de que não se está na verdade diante de uma relação causal, mas sim de uma relação imputativa, que se dá quando o direito enlaça uma determinada situação com o não cumprimento de uma obrigação que era concretamente exigível do sujeito.

Uma hipotética relação causal na omissão própria fica sem sentido, pois, partindo de uma suposição atrelada a uma exigência prévia de comportamento imposto pela lei, para assim poder ligar a uma sanção penal, em nada resulta, senão na constatação da imputação mesma. Não há razão para se fazer qualquer exercício hipotético diverso do caso concreto, pois se este já existe, e a exigência prevista na norma independe de qualquer resultado naturalístico para justificar a imposição da sanção, o que deve ser considerado para se conferir a relação imputativa é o próprio caso em si, já que empiricamente verificável.

Para entendimento desse raciocínio, é preciso observar que a imputação objetiva não tem apenas uma raiz, podendo ser constatada tanto por meio da determinação da tipicidade da conduta quanto da conexão do evento com ela[3].

Ainda, pela ótica desta teoria, em todos os casos em que os tipos penais se apresentam "carentes" de informações descritivas da conduta, devem eles ser completados com elementos normativos que permitam determiná-la mais além da mera realização externa descrita tipicamente[4].

Esses elementos normativos, extraídos dos princípios norteadores da teoria da imputação, propiciarão a avaliação objetiva de um determinado comportamento, comissivo ou omissivo, como expressão de sentido do tipo que o descreve.

Por esse enfoque, tanto a omissão própria quanto todos os demais delitos sem resultado dispensam a constatação da causalidade natural, já que não a assimilam, mas possibilitam a verificação da imputação objetiva.

2.2 Omissão imprópria

Como os delitos de omissão imprópria, diferentemente dos de omissão própria, são tipos de resultado, a causalidade nesses crimes tem sido discutida na doutrina por outros enfoques.

Dentre as muitas teorias sobre o tema, duas se destacam no círculo dos principais penalistas da atualidade que se propuseram a escrever sobre ele: a) a *teoria da causalidade hipotética*, divulgadora da fórmula da virtualidade causal da ação que deveria ter sido praticada para evitar o resultado; b) a *teoria da diminuição do risco*, que propõe a imputação do resultado da omissão ao garante sempre que a ação não executada pudesse ter diminuído o risco de lesão.

---

3 Manuel Cancio Meliá, Marcelo Ferrante, Marcelo A. Sancinetti. *Estúdios sobre la teoria de la imputación objetiva*. Buenos Aires: Ad-Hoc, 1998, p. 98.
4 *Ibid.*, p. 98.

A *teoria da causalidade hipotética*, prevalentemente adotada no Brasil[5], afirma só ser possível imputar o resultado de uma omissão ao garante quando a ação omitida pudesse, com "altíssima probabilidade", tê-lo impedido. Trata-se, assim, de emissão de um juízo de probabilidade, e não de certeza ou de segurança de que a ação esperada e não praticada teria evitado o resultado.

Os defensores desta teoria, ao justificarem o porquê da adoção da referida fórmula virtual, apegam-se à premissa da impossibilidade de se obter uma certeza nas ocorrências de cursos causais de ações omitidas. Mas que, como acreditam, necessitam de uma resposta na causalidade.

O problema, entretanto, reside no fato de esta fórmula simples, alicerçada em leis da probabilidade, não atender às atuais ocorrências da sociedade, com seu alto grau de desenvolvimento não só tecnológico, mas também no campo da biologia, da medicina e outros.

Na sociedade moderna, as questões relacionadas com as omissões não se resumem em investigar se a intervenção de alguém em um curso causal de afogamento, p. ex., teria ou não evitado a morte da vítima, ou se a mãe que tivesse alimentado o filho teria impedido seu falecimento por inanição.

A expansão dos crimes omissivos transborda os limites do Direito penal tradicional, de cunho liberal, voltado exclusivamente à tutela de clássicos bens jurídicos individuais.

O caso Chernobil é, nesse sentido, modelar, pois ocorreu há mais de 20 anos, e até hoje, além de desconhecidos todos os seus efeitos, nem se sabe se já nasceram todas as suas vítimas. O que impossibilita se estabeleça, com a simples utilização do método da causalidade hipotética, uma satisfatória resposta causal para a situação e que atenda aos interesses do Direito penal.

Da mesma forma, embora em ocorrências individuais, não se pode, na atualidade, determinar com segurança se uma específica cirurgia de um tumor cancerígeno salvará o paciente, encurtará ou prolongará sua existência e, ainda, se a qualidade de vida, depois da cirurgia, justificará a ação médica extirpadora.

---

5   Sheila Bierrenbach. *Crimes...*, op. cit., p. 101.

Fixar em tal hipótese ou em outras semelhantes, uma omissão médica, apenas com base em probabilidade de ação não executada, é trilhar por caminhos contrários aos princípios de garantia do cidadão em um Estado Democrático de Direito.

Nesse estágio, a *teoria da diminuição do risco* surge exatamente como uma alternativa de superação das graves dificuldades em torno da assimilação e aplicação da teoria causal hipotética, partindo, segundo Gimbernat Ordeig[6], de um diagnóstico lúcido da atual situação doutrinária.

Sendo impossível, conforme acima dito, determinar-se com segurança se a ação omitida teria evitado o resultado, e como mesmo a propalada "altíssima probabilidade" ou "probabilidade raiando a certeza" quanto a isso também não leva a lugar nenhum, pois ainda que tivesse o omitente atuado, apenas "provavelmente" teria evitado o evento, outro caminho deve ser adotado. É mais lógico e coerente se analisar o potencial da ação omitida de ter diminuído o risco de produção do resultado, para então, a partir daí, avaliar a responsabilidade por uma omissão imprópria consumada.

Tomando por base essa ideia, e levando em consideração a proposta deste trabalho, de demonstrar a possibilidade de aplicação dos fundamentos da imputação objetiva no Direito penal brasileiro, e mais especificamente em relação aos delitos omissivos, é suficiente que se faça uma adaptação correta a essa modalidade de conduta, sobre o que Claus Roxin teoriza acerca da criação ou incremento do risco nos crimes de ação.

3. Criação ou incremento do risco

3.1 O risco nas omissões próprias

Por qualquer caminho que se siga ou teoria que se adote no campo da causalidade, a simples constatação sobre a existência de um fato não é suficiente para imputá-lo a alguém.

---

6 Enrique Gimbernat Ordeig. *La causalidad en la omisión impropria y la llamada "omisión por comisión"*. Santa Fé: Rubinzal-Culzoni, 2003, p. 45.

Mesmo nos delitos omissivos próprios, em que a relação imputativa, conforme já visto[7], substitui a análise causal na tarefa de comprovar uma ocorrência, é ainda necessário, segundo a teoria da imputação objetiva estruturada por Claus Roxin, que se verifique, por meio de critérios objetivos limitadores de incriminação, se aquele fato pode ser atribuído a alguém como obra sua.

Trata-se, na verdade, de um método negativo de avaliação do processo de imputação, dirigido para a inexistência dela, caso, alternativamente: a) o risco era permitido; b) o agente não tiver criado ou incrementado o risco; c) o risco não se incluir no âmbito de proteção da norma; d) o risco ou resultado, na forma como ocorrido, não se incluir no âmbito de atuação ou alcance do tipo.

Veja-se, então, que só a partir da investigação sobre a questão do risco é que se poderá concluir pela relevância jurídica do fato já averiguado por meio do processo causal.

Em princípio, ainda que alguns autores[8] acreditem que os critérios da imputação objetiva, traçados por Claus Roxin, só se apliquem aos crimes de resultado, e diante desse raciocínio estariam fora da sua abrangência os delitos omissivos próprios, é preciso levar em consideração a realidade de que todo injusto penal possui sempre uma referência danosa, ainda que se trate de infração de perigo, uma vez que essas infrações pressupõem lesão ou perigo de lesão a um bem jurídico. A partir daí, a análise sobre o risco e os demais fundamentos de toda a teoria roxiniana sobre a imputação objetiva podem perfeitamente ser estendidos às omissões próprias, mesmo sendo elas destituídas de resultado naturalístico[9]. Em reforço a essa ideia, não se pode perder de

---

7   Cf. item 2.1 deste Capítulo.
8   Luiz Regis Prado. *Teorias....*, op. cit., p. 162.
9   Anote-se a previsão legal no Código Penal brasileiro de omissões próprias qualificadas pelo resultado morte ou lesão corporal grave (arts. 133, 134, 135 e parágrafos). Ainda, o delito previsto no art. 164 do mesmo Código, que prevê um resultado de dano.

vista a advertência de Antônio Luís Chaves Camargo[10], quanto à imputação objetiva não se constituir em uma instrumentalização pura e simples da análise da causalidade, e sem nexo com a ação, sendo por isso possível a aplicação dos elementos que a compõem àqueles crimes em que o resultado não se concretiza de forma material no mundo exterior, mas no reflexo de uma ação, de conteúdo jurídico-penal.

Em sequência a esse raciocínio, e adaptando às infrações penais omissivas as já anteriormente examinadas ideias de Claus Roxin[11] sobre o risco nos delitos comissivos, tem-se, desde logo, que não deverá ocorrer a imputação de uma omissão quando esta conduta tiver se mantido nos limites do *risco permitido*.

3.1.1 Risco permitido

Consoante algumas outras vezes já visto neste estudo, a ideia desse critério assenta-se na exclusão da imputação, nas hipóteses em que o agente, mesmo tendo criado um risco juridicamente relevante, este risco se puder dizer permitido.

Mantém-se, por exemplo, dentro do *risco permitido*, o pai desempregado e sem outra fonte de renda que deixa de prover a subsistência de filho menor de 18 anos ou inapto para o trabalho, ainda que a legislação penal, no formato da brasileira, obrigue-o a sustentar a prole, sob ameaça de sanção[12].

É assim porque, atento à teoria do risco, não se pode perder de vista que o desemprego é hoje uma realidade do mundo automatizado e globalizado, no qual a ocupação humana remunera-

---

10 Antônio Luís Chaves Camargo. *Imputação...*, op. cit., p. 144.
11 Cf. item 4.3.1.3 do Capítulo II.
12 Dispõe o art. 244 do Código Penal brasileiro: Deixar, sem justa causa, de prover a subsistência do cônjuge, ou de filho menor de 18 (dezoito) anos ou inapto para o trabalho, ou de ascendente inválido ou maior de 60 (sessenta) anos, não lhes proporcionando os recursos necessários ou faltando ao pagamento de pensão alimentícia judicialmente acordada, fixada ou majorada; deixar, sem justa causa, de socorrer descendente ou ascendente, gravemente enfermo.

da, nos países desenvolvidos ou em desenvolvimento, vem sendo substituída, cada vez mais, por todos os tipos de máquinas ou por outra mão-de-obra mais conveniente, localizada em qualquer parte do planeta, já que a globalização tornou o mundo pequeno, agudizando de um modo geral as relações de trabalho e o sustento das pessoas por meio dele.

No entanto os Tribunais brasileiros nunca mantiveram entendimento pacífico sobre o desemprego constituir uma justa causa para isentar um chefe de família do crime de abandono material (art. 244 do Código Penal).

No Brasil, rotineiramente, mesmo nas hipóteses em que os julgadores acolhem a tese da ausência de emprego para absolverem os acusados por crime de abandono material, fazem-no embasados na ausência de dolo para a prática do delito, adentrando, desnecessariamente, no campo da culpabilidade, como se verifica da jurisprudência do Tribunal de Alçada Criminal de São Paulo, de onde se colhe, de um acórdão, expressivo trecho nesse sentido:

> [...] Ora, no caso, há notícia de que o réu estava desempregado. Sua própria companheira afiançou (f.). A extrema escassez de recurso, portanto, foi a causa determinante da inadimplência da obrigação de prover o sustento da filha. Não terá, assim, o réu obrado com o dolo caracterizador do crime de abandono material, i. é, a vontade livre e consciente de deixar de prover à subsistência dos dependentes. [...][13].

Em outro acórdão do mesmo Tribunal, também em julgamento de crime por abandono material, é possível notar, com clareza, o esforço desenvolvido pelos julgadores para fundamentarem, pelos critérios tradicionais, o juízo condenatório:

> [...] Procura o réu escusar-se com a alegação de que trabalha, desde a sua demissão da Cia. Docas, como ator coadjuvante, em canais de televisão de São Paulo, ganhando insuficientemente. Isso, no

---

13 Acórdão da 15ª Câmara do Tribunal de Alçada Criminal de São Paulo, no julgamento da Apelação n. 121.6933-0, Comarca de Batatais, Rel. Juiz Carlos Biasotti. In: Revista dos Tribunais 786/663 – abril de 2001.

entanto, não serviu de obstáculo a que se tornasse amásio de mulher, que trabalha em cabaré e que as testemunhas ouvidas dizem ser meretriz (fls). Confessa ele, despudoradamente, que é a amásia quem sustenta seu lar (fls.). [...] É entendimento várias vezes sufragado por este Tribunal que eventual desemprego não exime o réu do delito de abandono material, provado que deixou a família para se unir à amásia (RT, vol. 331/303, e julgados do Tribunal de Alçada, Lex, vol. 8/280). [...] Por derradeiro, é de se acentuar, como fez o Promotor Público, em suas contra-razões, que não se poderá aceitar como justa causa para o abandono material da família, o fato de haver o réu escolhido profissão de rendimentos incertos, ou o de passar a ser mantido pela amásia, como autêntico [cáften]. Seria descabido prêmio à vadiagem. [...][14].

Se examinado o primeiro caso pelo sistema correto da imputação objetiva, uma vez demonstrado que o "abandono material" deu-se em virtude de o autor encontrar-se desempregado e sem recursos, como expressamente foi reconhecido no acórdão, estaria descartada a imputação, por achar-se a situação dentro das ocorrências normais do atual sistema social complexo, em que é sempre possível e arriscado que o dependente de outrem, para sobreviver, deixe de receber o sustento em razão de o provedor estar sem emprego ou sem rendimentos. Para a imputação objetiva, a valoração desse *risco permitido* e consequente constatação da irrelevância jurídico-penal da omissão do autor em prestar o sustento não levam em consideração as questões da antijuridicidade e culpabilidade. O fato, por não ser imputável objetivamente ao seu autor, simplesmente não será objeto de análise no campo do Direito penal.

Quanto à segunda decisão, a sua análise, por meio do mesmo modelo de imputação objetiva dispensaria, completamente, os raciocínios falaciosos que nela foram utilizados, mais apropriados aos regimes totalitários que adotam um Direito penal do au-

---

14 Acórdão da 3ª Câmara do Tribunal de Alçada Criminal de São Paulo, no julgamento da Apelação n. 22.318, Comarca de Santos, rel. Juiz Carlos Ortiz. In: Revista dos Tribunais 421/263 – novembro de 1970.

tor em detrimento de um Direito penal do fato[15]. Isto porque, como se verifica do acórdão, foi ele totalmente escorado em argumentos *ad hominen*, de ter o agente se tornado "amásio de uma meretriz que o sustentava", ou ter "escolhido profissão de rendimentos incertos". Como a imputação objetiva possui métodos claros, e alicerça-se em princípios do Estado Democrático e Social de Direito, tão logo apurada a questão causal do problema, seria ele analisado pelos critérios da criação ou incremento do risco para se concluir pela não imputação, conforme a mesma solução dada ao problema anterior. Exceção feita, é claro, caso o autor tivesse, p. ex., deixado o emprego para colocar-se propositalmente em estado de insolvência, ou declaradamente recusasse ofertas de trabalho lícito dentro de suas competências e habilidades, aumentando com tais atitudes os riscos para a sua família.

Como se vê, a questão da criação ou incremento do risco, que deve ser analisada em cada situação concreta, até nas condutas omissivas, encontra lugar no Direito penal brasileiro para a sua adequação, especialmente por se tratar de um sistema voltado para a proteção de bens jurídicos, com os quais o risco está intimamente relacionado, já que a eles se reporta. Ao mesmo tempo, em uma sociedade de risco como a brasileira, assim considerada pelo seu atual estágio de desenvolvimento, em que nem todas as ações devem ser entendidas como penalmente relevantes, sob pena de paralisação das comunicações e interações sociais, o campo mostra-se fértil para a recepção de teorias de um Direito penal que só restrinja a liberdade do cidadão na medida do estritamente necessário. Um Direito penal que não dê sustentação à punição indistinta de todas as condutas que considere desconforme com a lei, próprio dos sistemas penais fechados, mas ainda aceito e legitimado no Brasil pela doutrina e jurisprudência. Posição, inclusive, contrária à Constituição Federal brasileira de 1988, que sugere um modelo aberto de interpretação do Direito em geral[16].

---

15 Cf. itens 1.4 e 3.4 do Capítulo I, com referência à Escola de Kiel, cujo pensamento prevaleceu durante o movimento nacional-socialista na Alemanha.
16 Antônio Luís Chaves Camargo. *Imputação...*, op. cit., p. 128.

Quando, por exemplo, um médico deixa de denunciar à autoridade pública doença cuja notificação é compulsória, infringindo, à primeira vista, o art. 269 do Código Penal brasileiro[17], que tipifica um delito omissivo próprio, não terá na verdade incrementado o risco de perigo ao bem jurídico, que no caso é a incolumidade comum, no seu aspecto particular de saúde pública, se no meio a uma epidemia de doença, considerada administrativamente de notificação obrigatória[18], a omissão de comunicação der-se apenas em um ou outro caso isolado. Com a ausência do incremento do risco ao bem jurídico, não há falar em imputação objetiva.

É preciso advertir, entretanto, que não se está, no exemplo dado, interpretando o perigo abstrato (incolumidade pública) como perigo concreto, nem vinculando a existência deste para a consumação do delito. O que se leva em consideração é o fato de se exigir em um Estado Social e Democrático de Direito o respeito a princípios como o da ofensividade ou lesividade, centrado na ideia de que o Direito penal só pode interferir em situações nas quais se verifiquem lesões insuportáveis às condições de sobrevivência da sociedade[19], cuja resposta é dada por meio da teoria do risco.

---

17 Art. 269: Deixar o médico de denunciar à autoridade pública doença cuja notificação é compulsória.

18 O art. 269 do CP é Lei penal em branco, complementada por regulamentos administrativos (federais, estaduais ou municipais) com o elenco das moléstias cuja notificação é obrigatória. Atualmente, o principal instrumento em vigor no Brasil nesse sentido é a Portaria n. 1.100, de 24.5.1996, do Ministério da Saúde.

19 "Em um Estado Democrático e Social de Direito, a tutela penal não pode vir dissociada do pressuposto do bem jurídico, sendo considerada legítima, sob a ótica constitucional, quando socialmente necessária. Isso vale dizer: quando imprescindível para assegurar as condições de vida, o desenvolvimento e a paz social, tendo em vista o postulado maior da liberdade – verdadeira presunção de liberdade – e da dignidade da pessoa humana". Luis Regis Prado. *Bem jurídico-penal e constituição*. São Paulo: Revista dos Tribunais, 2003, p. 70. No mesmo sentido ver nota 147.

No exemplo sugerido, a ausência de uma ou outra notificação de determinada doença, em meio a uma epidemia, não aumenta, em medida juridicamente relevante, o risco já existente de essa doença se espalhar e atingir outros membros da sociedade.

3.1.2 Autocolocação em risco

Um outro critério dentro da teoria do risco, também aplicável às omissões próprias, é o da *autocolocação da vítima em risco*, que tem origem na jurisprudência alemã e visa, quando presente no fato, à exclusão da imputação deste a alguém ou evitar uma sobrecarga na valoração da culpabilidade do autor[20]. Além dos registros já feitos anteriormente sobre o tema[21], é importante assinalar que tal método de verificação do comportamento da vítima abandona a ultrapassada concepção de crime em que se tem, de um lado o "sujeito ativo" como único responsável pelo resultado criminoso, e de outro o "passivo", que, como sugere a própria denominação, permanece inerte, à mercê do primeiro[22].

É possível supor que um pai, inabilitado para o trabalho, a quem o filho tenha obrigação de prover por meio da entrega de mantimentos, resolva promover uma greve de fome em protesto ao governo que suspendeu sua pensão previdenciária.

No caso, o pai, maior e capaz, agindo voluntariamente, ciente até dos riscos à sua pessoa, que é um dos bens protegidos pelo tipo criminalizador do abandono material[23], exclui, com sua conduta, a possibilidade de imputação penal da omissão do filho, se

---

20 Alessandra Orcesi Pedro Greco. *A autocolocação da vítima em risco*. São Paulo: Revista dos Tribunais, 2004, p. 166.
21 Cf. item 4.3.1.8 do Capítulo II.
22 Alessandra Orcesi Pedro Greco. *A autocolocação...*, op. cit., p. 151.
23 Entre outros, Fontán Balestra integra a corrente doutrinária que entende que o bem tutelado nos crimes contra a assistência familiar é a pessoa, afirmando que: "(...) a tutela é exercida sobre os indivíduos enquanto são componentes da comunidade econômica familiar". Carlos Fontán Balestra. *Tratado de derecho penal*. Tomo IV. Buenos Aires: Abeledo-Perrot, 1969, p. 374.

este, durante o período de abstinência alimentar do seu genitor, deixe de lhe fornecer a mantença, já que os alimentos não seriam mesmo consumidos.

Cabe, entretanto, a advertência quanto ao fato de o instituto da autocolocação da vítima em risco não ser uma panaceia capaz de solucionar todos os casos em que haja participação da vítima na ocorrência de um crime. Como desdobramento do critério do risco dentro da teoria da imputação objetiva, esse instituto deve ser utilizado com precaução, associado a outros elementos da mesma teoria, sendo, às vezes, de restrita aplicação, conforme se dá nas hipóteses em que o autor ocupe a posição de garantidor, e que melhor será visto no próximo item deste trabalho.

3.2 O risco nas omissões impróprias

3.2.1 Risco permitido

Também na aplicação da teoria da imputação objetiva às omissões impróprias, comprovada a existência do fato por meio da determinação da relação de causalidade, cujo processo próprio já foi verificado em item anterior[24], passa-se imediatamente à análise da criação ou incremento do risco, envolvendo agora, diferentemente das omissões próprias, a figura do garantidor ou garantidores.

Sendo os delitos omissivos impróprios crimes de resultado, em que os omitentes respondem por ele, em razão de não terem agido em defesa de um bem jurídico indicado em uma figura típica de conduta ativa, a posição deles em relação ao risco assemelha-se à dos delitos comissivos.

Aliás, se a lei penal, no caso brasileiro o artigo 13 do Código Penal, equipara as condutas da ação e da omissão, e se o comportamento ativo só é penalmente relevante para a imputação objetiva, na medida em que desencadeie um risco típico, ou incremente um risco permitido acima do tolerado, com sua realiza-

---

24 Cf. item 2.2 deste Capítulo.

ção no resultado, o mesmo deve ser exigido nos casos de omissão imprópria. Outra conclusão restaria incompreensível diante do princípio da legalidade.

A diferença, portanto, reside apenas no fato de os delitos omissivos impróprios só poderem ser praticados por aqueles que tenham funções de proteção de determinados bens jurídicos ou vigilância de certas fontes de perigo. O que acaba por determinar que a teoria do risco seja tomada nestes crimes por enfoques ou em momentos diferentes dos normalmente utilizados nos crimes comissivos.

Enquanto nos delitos praticados por conduta ativa basta que o agir permaneça dentro de uma situação em que se verifique um *risco permitido*, para que não haja imputação objetiva do resultado ao seu autor, nos crimes omissivos impróprios, como cumpre aos sujeitos ativos especiais que eles incorporam, denominados garantes, manter as situações que protegem ou vigiam, dentro do risco permitido, não é suficiente para exclusão da imputação que a conduta destes se mantenha em tal posição.

É necessário que atuem, sempre que preciso e possível, no sentido de manter, dentro do risco permitido, a fonte de perigo de que cuidam.

Assim, não se poderá considerar caracterizado um delito de omissão imprópria quando quem está obrigado a vigiar um foco de perigo preexistente toma as medidas de cautela para preservar o referido foco dentro do *risco permitido*, mesmo que ulteriormente causante de um resultado típico ou, ainda, caso a sede de perigo já tenha ultrapassado as fronteiras do juridicamente tolerado, opere para trazê-la novamente a uma situação conforme o Direito.

Dessa forma, mesmo tendo uma babá assumido a responsabilidade de cuidar de determinada criança, não se lhe imputarão as lesões sofridas por aquela em razão de queda durante uma brincadeira corriqueira. Ao contrário, a imputação poderá se dar, caso as lesões ocorram por ter o menor se envolvido em uma diversão perigosa, como subir no telhado da casa, abstendo-se a ama, com possibilidade de agir, de evitar o acesso da criança ao local de risco ou, ultrapassada essa fase, deixar de reconduzi-la ou ao menos ter procurado trazê-la de volta a um local seguro, antes do resultado.

3.2.2. Autocolocação em risco

Da mesma forma como o tema foi abordado quando se tratou em item anterior deste trabalho sobre a questão do risco nos crimes omissivos próprios, o *comportamento da vítima que se autocoloca em uma situação de risco* excluirá a tipicidade de um fato que poderia, inicialmente, ser penalmente caracterizado como um delito omissivo impróprio.

O assunto, que na observação de Antônio Luís Chaves Camargo[25], "não é simples, como pode parecer", encontra resistência na doutrina[26].

Contudo não se pode negar a constelação de casos em que a conduta arriscada da vítima retira do garante a sua obrigação de agir para evitar o resultado ou diminuir-lhe o risco.

Um exemplo bastante claro reside na situação não incomum, de alguém, atropelado, negar-se, por qualquer motivo, a receber transfusão de sangue, vindo a morrer em razão da sua conduta. Aquele que, imprudentemente atropelou, e com isso assumiu uma posição de garante em relação à vítima, deverá responder apenas pela lesão corporal, não se podendo imputar-lhe o homicídio[27] ou a omissão de socorro.

No mesmo sentido não se poderá imputar a morte de um turista ao guarda-vidas, quando aquele, desobedecendo a todos os avisos sobre os perigos de se avançar além de determinado limite do mar, continua em sua senda suicida, inviabilizando o socorro, já que nem mesmo o guarda-vidas está obrigado a ir além de determinado risco, expondo cegamente a sua vida para salvar a vítima.

---

25 Antônio Luís Chaves Camargo. *Imputação...*, op. cit., p. 161.
26 Alessandra Orcesi Pedro Greco. *A autocolocação...*, op. cit., p. 129.
27 Antônio Luís Chaves Camargo. *Imputação...*, op. cit., p. 160.

Escrevendo sobre a atuação a próprio risco da vítima, Günther Jakobs[28] assinala ser mesmo possível, em algumas situações, a solução radical de que a vítima que se expõe a um perigo, sem motivo razoável, deva também sofrer as consequências solitariamente. Conclui o mesmo autor serem incompatíveis determinados cuidados ante alguém autorresponsável[29].

Sem dúvida, ainda que alguém tenha deveres especiais de proteção com relação à pessoa que se autocoloca em perigo, esses deveres, em alguns casos, interrompem-se ou terminam quando a vítima, com capacidade de decidir, ultrapassa as fronteiras da possibilidade de agir do garante.

Esse raciocínio é coerente com a posição assumida neste estudo em relação ao conceito de omissão, que deve ser claro quanto à possibilidade de o agente realizar a ação socialmente esperada, pois o comportamento da vítima pode, às vezes, constituir-se em uma das várias hipóteses que normalmente impedem a sua atuação.

Abonando esta tese, Claus Roxin[30] afirma só concordar com uma decisão do Tribunal Supremo Federal alemão, em condenar um médico por homicídio imprudente, que dentro de uma terapia de desintoxicação havia prescrito uma droga a um paciente, com a qual este provocou a própria morte, injetando uma sobredose, porque tudo indica que o consumidor dependente era inimputável, e, portanto, não podia tomar uma decisão responsável. Não fosse desse modo, acrescenta Claus Roxin, se tivesse o paciente capacidade de decisão, e ainda assim se imputasse a morte ao seu clínico, por abuso de medicamentos, os médicos estariam sempre com um pé no cárcere.

Entretanto, por não ser pacífica a matéria, cada situação deverá ser analisada concretamente, verificando-se, na casuística, quando uma atividade ou um resultado pode efetivamente ser atribuído à vítima, excluindo-se assim a imputação do agente,

---
28 *A imputação...*, op. cit., p. 40.
29 *Ibid.*, p. 41.
30 *Derecho...*, op. cit., p. 390.

que em princípio ocupava uma posição especial de garantidor da incolumidade do bem jurídico.

Já que o tema da autocolocação em risco pela vítima não está afeto, especificamente, ao critério geral da imputação objetiva sobre a análise do risco não permitido com a criação ou concretização de um perigo, mas abrange elementos que dizem respeito à tipicidade objetiva, Claus Roxin trata dele dentro do que designa como *alcance do tipo*.

4. A omissão e o âmbito de proteção da norma

Por vezes, mesmo que as já examinadas questões sobre o risco nas omissões não excluam, nesses crimes, a imputação de um resultado ou de uma conduta típica ao agente, ela ainda poderá ser afastada, se o fato não espelhar outros elementos da imputação objetiva, como é o caso do *âmbito de proteção da norma,* cujas características principais já se teve oportunidade de apontar em momento anterior deste estudo[31].

Esse critério guarda uma especial conexão com a teoria do incremento do risco, e não pode ser confundido com o critério do *alcance do tipo,* considerado, como será visto no próximo item, como última instância para a solução do problema da imputação penal.

A teoria do âmbito de proteção da norma parte do princípio de que toda norma tem uma função de proteção, que é limitadora do risco permitido, e que deve ser levada em consideração, especialmente nas hipóteses de imputação objetiva.

Adverte Paz Mercedez de la Cuesta Aguado[32] que no campo dos delitos culposos, espaço para o qual foi originariamente criada a teoria do incremento do risco, por sua particular conexão com a norma de cuidado, surgem cada vez mais exemplos conflitivos, que requerem um tratamento específico do problema do risco quando relacionado com o fim de proteção da norma.

---

31 Cf. item 4.3.1.4 do Capítulo II.
32 *Tipicidad...,* op. cit., p. 155.

Para a mesma penalista[33], é nas questões do tráfico viário, medicina, segurança de trabalhadores e outras, notadamente quando a norma de cuidado fundamenta-se em regras da experiência comum, que esse critério adquire relevância.

Por isso, ainda que tormentosa e enigmática a questão da natureza comissiva ou omissiva dos delitos culposos, tanto que, segundo Jesús-Maria Silva Sánchez[34], as situações que os envolvem são tradicionalmente qualificadas como de "comportamento ambivalente" ou, às vezes, como "coincidência de formas de comportamento", este estudo não pode desprezar, neste momento, os casos emblemáticos de crimes desta espécie, por serem eles os que melhor auxiliam na compreensão do critério do âmbito de proteção da norma na imputação objetiva.

Um clássico exemplo de Hans-Heinrich Jescheck, citado por Claus Roxin[35], e que foi objeto de decisão do Tribunal do Império alemão, refere-se a dois ciclistas que dirigem no escuro, um atrás do outro, ambos omissos em iluminar suas bicicletas. Por causa da ausência de iluminação, o ciclista da frente colide com diferente ciclista vindo do sentido oposto, produzindo-lhe lesões.

Neste caso, ainda que a conduta do segundo ciclista, em conduzir sua bicicleta sem iluminação, tenha elevado consideravelmente o risco de que o primeiro ciclista causasse um acidente, como de fato aconteceu, o resultado, lesões corporais culposas, não pode ser imputado ao ciclista que vinha atrás. Isso porque o fim da norma que exige iluminação de bicicletas é evitar acidentes que decorram imediatamente do próprio veículo, e não iluminar outras bicicletas, impedindo colisões com terceiros.

Como se vê, esse critério guarda correspondência com os princípios gerais da imputação objetiva, que exige um relacionamento direto entre o dever infringido pelo sujeito e o resultado proibido, com consideração adequada sobre o que pertence ao risco permitido e o que ultrapassa este risco.

---

33 *Tipicidade...*, op. cit., p. 190.
34 *El delito...*, op. cit., p. 248-249.
35 *Derecho...*, op. cit., p. 377.

Outro exemplo extraído da jurisprudência alemã, e também sempre lembrado por Claus Roxin[36], refere-se ao caso do gerente de uma fábrica de pincéis, que entrega pelos de cabra chineses às suas trabalhadoras, omitindo-se em tomar as devidas medidas de desinfecção. Quatro trabalhadoras são infectadas pelo bacilo antrácico e falecem. Em investigação posterior concluiu-se que os meios de desinfecção normalmente prescritos e utilizados seriam ineficazes em face do bacilo, até então desconhecido na Europa.

Nesse caso, além de o perigo aparentemente criado pelo gerente, segundo um juízo *ex ante,* não se ter realizado no resultado, o que afasta por si só a imputação, o fato também não se compreende na esfera de proteção da norma de cuidado, pois a regra que ordena a desinfecção não exige seja ela feita quando inútil.

Situação semelhante se dá, ainda, quando o dono de uma indústria metalúrgica, que está legalmente obrigado a fornecer capacetes a seus funcionários, como medida de evitar ou diminuir danos físicos ou mortes em casos de acidentes do trabalho, e, não cumprindo com tal dever, vê um seu funcionário morrer em razão de uma grande explosão de um cilindro de gás. Em tal hipótese, o resultado também não pode ser imputado ao proprietário da indústria pelo fato de ter-se omitido em fornecer capacetes, uma vez que a norma que obriga o fornecimento deste tipo de equipamento não tem a finalidade de evitar mortes decorrentes de grandes explosões.

Em outra hipótese, é de se observar que, quando a norma penal impõe aos pais o dever de prover a subsistência dos filhos menores de dezoito anos, obriga-os ao cumprimento dos deveres normais de criação e sustento, tornando-os penalmente responsáveis em caso de omissão dolosa dessas obrigações, pois implicam riscos à família, que é o âmbito de proteção da norma. Mas, se pela falta dos meios de subsistência, os menores são levados a um abrigo público, onde morrem em razão de uma rebelião, as mortes dos filhos não podem ser imputadas aos pais, pois advindas de uma infelicidade desconectada da conduta omissiva deles,

---

36 *Derecho...,* op. cit., p. 375.

e igualmente estranha ao fim de proteção da norma, que é a preservação da família por meio de seu amparo material.

Partindo, assim, da ideia básica de que as normas somente se referem a determinados riscos, já que não podem proibir todas as suas possibilidades, estará também fora do âmbito de proteção da norma de matar alguém (art. 121 do Cód. Penal) a situação do motorista que, dirigindo em alta velocidade, não socorre o suicida que se atira na frente de seu veículo, morrendo horas depois em virtude das lesões sofridas. Ainda que se possa imputar ao motorista a omissão de socorro (art. 304 da Lei 9.503/97)[37], o mesmo não é possível em relação ao resultado morte, por não ser a finalidade da norma a proteção de suicidas.

Pode-se concluir, portanto, que além de o critério do âmbito de proteção da norma ser plenamente aplicável aos delitos omissivos, atende ele, perfeitamente, à verificação da exclusão da imputação objetiva desses comportamentos ou seus resultados, tal como estão estabelecidos no Código Penal brasileiro, sejam eles culposos ou dolosos.

5. A omissão e o alcance do tipo

Como já se adiantou, o critério do alcance do tipo é considerado como última instância em busca da superação do problema da imputação penal dentro da teoria da imputação objetiva proposta por Claus Roxin.

Enquanto o critério do âmbito de proteção da norma possui um caráter de valoração do comportamento social, para a partir daí possibilitar a análise, por meio de parâmetros adequados, o que fica dentro do risco permitido, e o que supera este risco, o alcance do tipo ou o fim de proteção do tipo referem-se ao bem

---

[37] Omissão de socorro nos delitos de trânsito – Lei 9.503/97, art. 304: *Deixar o condutor do veículo, na ocasião do acidente, de prestar imediato socorro à vítima, ou, não podendo fazê-lo diretamente, por justa causa, deixar de solicitar auxílio da autoridade pública. Penas: detenção de 6 (seis) meses a 1 (um) ano, ou multa, se o fato não constituir elemento de crime mais grave.*

jurídico protegido e às condutas tipicamente proibidas, excluindo da imputação penal os resultados que a norma objetiva não está destinada a impedir.

Parte, portanto, este critério, da constatação de que a norma típica não alcança, de antemão, determinados comportamentos e suas consequências, levando em consideração, nesta avaliação, o aspecto formal da conduta proibida descrita no tipo, que deve compreender eventos da natureza do ocorrido. Neste nível de imputação, a doutrina[38] analisa, especialmente, os seguintes grupos de casos: *a contribuição a uma autocolocação dolosa em perigo* e a *atribuição do resultado à esfera de responsabilidade alheia*, podendo a intervenção, neste último, dar-se de maneira dolosa ou culposa.

Ainda que nem todas as possibilidades desse critério possam ser assimiladas pelas ocorrências penais omissivas, não se pode desprezar a sua contribuição para a exclusão da imputação em diversos casos da espécie.

A questão da *contribuição a uma autocolocação dolosa em perigo*, que envolve situações em que alguém pode provocar ou contribuir para que outrem pratique ações extremamente perigosas, já foi tratada neste estudo, de maneira mais ampla, quando da abordagem específica de casos em que a vítima se autocoloca em situação de risco[39], tanto na omissão própria quanto na imprópria. São envolvidas, portanto, neste critério, as situações em que a vítima exclui com sua conduta, querida e responsável, a imputação daquele que contribuiu para a realização da ação perigosa, por ausência de enquadramento no tipo. Não se deve, p. ex., punir um fornecedor de drogas por homicídio culposo na modalidade omissiva[40], por ele ter deixado de chamar um médico quando o consumidor entrou em estado de inconsciência. Isto porque, se o fornecedor da droga não causou de modo imputável a situação de perigo ao consumidor, não se pode inferir do simples desen-

---

38 Claus Roxin. *Derecho...*, op. cit., p. 386-402. No mesmo sentido: Juarez Tavarez. *Teoria...*, op. cit., p. 289.
39 Cf. itens 3.1.2 e 3.2.2 deste Capítulo.
40 Claus Roxin. *Funcionalismo...*, op. cit., p. 359.

rolar causal dos fatos qualquer dever de garante capaz de gerar uma responsabilidade por omissão. Situação que, no Direito penal brasileiro, pode ser conferida por meio da combinação do § 2º do art. 13 do Código Penal, que relaciona as pessoas com deveres especiais de garantia, com o art. 121, § 3º, do mesmo código, que trata do homicídio culposo.

Situação semelhante dá-se na já mencionada hipótese do acidentado no trânsito que, levado ao hospital pelo causador do acidente, recusa-se a ser submetido à transfusão de sangue, vindo a falecer. Caso em que, mesmo considerado o dever de garante gerado pelo acidente, o tipo penal do homicídio culposo não está determinado à punição de terceiros por recusa da própria vítima em receber o tratamento médico adequado. Assim, pelo que já foi visto neste estudo, a imputação ao agente poderá dar-se apenas em relação às lesões decorrentes do acidente.

Da mesma forma, ainda que a legislação imponha aos filhos maiores o dever de amparar os pais na velhice, nascendo daí a posição de garante, não é cabível a imputação da morte do pai ao filho, mesmo que esta se tenha dado em razão de desamparo, se aquele se mudou, propositalmente, para local desconhecido, impossibilitando a assistência que impediria o seu falecimento.

O alcance do tipo também não atinge os crimes omissivos naqueles resultados cuja evitação se encontra sob a responsabilidade de outra pessoa, ou que haja *atribuição do resultado à esfera de responsabilidade alheia*.

Ora, ainda que se tenha como certo ser o guia de uma excursão, em razão do seu dever de garante, responsável pela segurança dos excursionistas, não se lhe pode imputar a morte de um bombeiro que cai em um abismo quando tentava salvar um integrante da excursão que se perdeu do grupo por falha na sua condução.

A *ratio* da exclusão da imputação nestes casos apoia-se no fato de determinados profissionais, dentro da esfera da sua responsabilidade em relação à eliminação e vigilância de fontes de perigo, são de tal modo competentes que estranhos não devem se intrometer. A consequência político-criminal desta destinação de competência é exonerar o primeiro causante das consequências que são provocadas por eventuais condutas danosas de profissionais, especialmente aqueles cujas atividades servem para combater ou afastar perigos[41].

Inclui-se também aqui a questão da vítima, que em razão de perigo criado por ação ou omissão de terceiro, é levada a um hospital para atendimento, onde vem a falecer em decorrência de erro médico.

Nesse exemplo, mesmo que a realização do perigo que provocou a internação não esteja coberta por um risco permitido, como se dá com a mãe que deixa de alimentar o filho, fica excluída a responsabilidade desta pela morte, se tal resultado decorreu somente do perigo criado pelo procedimento médico irregular. No caso, o médico trouxe o evento para sua responsabilidade.

Ainda que não suficientemente desenvolvido, é preciso reconhecer, pelo pouco que foi visto, a importância deste critério na solução de diversos delitos omissivos. Encontra-se, também ele, em consonância com os princípios do Estado Democrático de Direito, limitando no primeiro grupo de casos o poder do Estado nas situações em que deve prevalecer a autonomia e liberdade das pessoas em assumir condutas perigosas que atinjam apenas bens jurídicos próprios. No segundo grupo, atribuindo corretamente os resultados de ações típicas àqueles que, em razão de profissão, assumem a obrigação de vigiar ou eliminar fontes de risco, afastando com sua intervenção lesiva no acontecimento o primeiro provocador ou criador do perigo.

6. Últimas considerações

Para além de tudo o que foi exposto ao longo deste estudo a respeito da imputação objetiva, e a aplicação de seus critérios na análise da responsabilidade daqueles que, por meio de condutas omissivas, determinaram a violação de valores vigentes protegi-

---

41 Claus Roxin. *Derecho...*, op. cit., p. 399.

dos pelo Direito penal, importa sumariar as últimas observações, pondo termo ao trabalho.

A teoria da imputação objetiva, no modelo proposto por Claus Roxin, que tem como base o funcionalismo moderado, e que vem servindo, em diversos países da Europa, de chave para abrir as portas do dogma penal, e enfrentar um grande número de casos problemáticos, encontra espaço aberto no Brasil para a sua aplicação.

A Constituição Federal brasileira de 1988, ao estabelecer em seu art. 1º, ser o Brasil um Estado Democrático de Direito, instituiu formalmente a vinculação de todo o Direito brasileiro aos princípios que tal conceito encerra, e em especial o Direito penal, pelos valores de que trata e bens que tutela.

O princípio da dignidade da pessoa humana, esteio da barreira que visa impedir a intromissão arbitrária do Estado na liberdade das pessoas, já acena, por si só, sobre a necessidade de uma nova direção na interpretação e aplicação das normas penais do país.

Outros princípios constitucionais relevantes para o correto emprego das leis penais, como o da ofensividade ou lesividade, o da subsidiariedade e o da fragmentariedade, também inspiram a adoção de teorias como a da imputação objetiva, que possibilitam a interpretação adequada dos tipos penais segundo tais fundamentos, aliados a legítimos objetivos político-criminais.

Por sua vez, como o perigo é uma categoria que ganha importância na atual sociedade de risco e, levando-se em consideração a especial relevância que as condutas omissivas vêm adquirindo nesta nova sociedade, exatamente por pertencer o perigo à sua essência, é fundamental que estes temas sejam discutidos pelo prisma apropriado da imputação objetiva, para assim poderem servir aos fins de um Direito penal legítimo e eficaz.

Em conclusão, é preciso deixar claro, que o acolhimento da imputação objetiva pelo Direito penal brasileiro, especialmente no trato e solução de delitos omissivos, sejam eles próprios ou impróprios, não depende mais do que uma mudança de postura da dogmática jurídico-penal do país, que deverá percorrer novos caminhos, com a consciência de que o Direito constitui nesta época, a coluna-mestra que sustenta a sociedade moderna.

CONCLUSÕES

Este estudo constitui uma demonstração sobre a possibilidade de o Direito Penal brasileiro, especialmente em relação aos delitos omissivos, assimilar os novos direcionamentos da ciência penal, que se orientam para atuar em uma sociedade pós-industrial, complexa e global, e têm motivado estudos e debates entre os penalistas europeus.

Por meio dos temas estudados ao longo do trabalho, pretende-se colaborar com a discussão contínua do Direito penal, em busca de soluções às novas questões criminais, próprias de uma sociedade de risco, como pode ser definida a atual sociedade brasileira.

As pesquisas feitas levaram a concluir que:

A evolução da ciência penal, desde as três últimas décadas do séc. XIX, propiciou o aparecimento, ao longo do tempo, de várias teorias sobre a omissão como questão jurídico-penal.

Os mais constantes e polêmicos debates que orientavam e ainda guiam as doutrinas sobre o conceito de omissão, quando esta conduta é encontrada na composição de delitos, sempre caminharam na busca de um elemento que lhe desse realidade e substância, colocando-a no conceito geral de ação.

No Direito Penal comparado tem prevalecido, na Alemanha, desde as duas últimas décadas do séc. XX, com o fortalecimento e expansão das teorias funcionalistas, a concepção de ausência de contornos entre as fronteiras da ação e da omissão.

Tomou-se, então, a posição de que um conceito de conduta penal, ação e omissão que sirva a um sistema penal regido pelos princípios do Estado Democrático de Direito – *ultima ratio,* subsidiariedade e fragmentariedade – e ao mesmo tempo atenda aos fundamentos da política criminal, deve ter uma função de delimitação, ainda que relativa, mas que possibilite, de plano, a exclusão daquelas ações, que embora aparentemente típicas, não têm a relevância exigida para aplicação do Direito penal.

Em relação à causalidade, vinculada ao princípio da materialidade ou exterioridade da ação, e seu elo com a lesividade ou danosidade do resultado, a doutrina sempre insistiu em continuar buscando, a partir do positivismo comtiano e neokantista, um conceito sobre o tema a ser aplicado ao Direito penal, que seja lógico e de alcance genérico.

A teoria da imputação objetiva rompeu com o ciclo causalista, de se teorizar mais sobre a mesma coisa, procurando soluções para importantes e complexos problemas penais, sem, contudo, pretender substituir ou se sobrepor às teses causais, e, portanto, não disputando com ela o mesmo espaço dentro da teoria do delito.

Dessa forma, a causalidade, como conceito relacionado com a realidade, permanece sendo um critério utilizado pelo Direito penal para a comprovação sobre a existência de um fato.

Deve ser considerado, contudo, não fazer sentido a busca de uma relação causal nas omissões próprias, pois esses comportamentos só têm relevância jurídico-penal a partir de uma exigência da lei em relação à conduta, independentemente de qualquer resultado naturalístico para justificar a imposição da sanção. O que caracteriza uma simples relação imputativa concretamente verificável.

Quanto às omissões impróprias, a teoria da diminuição do risco apresenta-se como uma alternativa na solução de casos que envolvem essa conduta, superando as graves dificuldades apresentadas pela teoria causal hipotética, ainda prevalentemente adotada no Brasil.

No campo da tipicidade, os delitos omissivos próprios ou puros, por consistirem na realização de conduta negativa descrita pela lei, não oferecem nenhuma dúvida na verificação de sua moldura abstrata.

Por sua vez, a estruturação da tipicidade da omissão imprópria no Direito brasileiro dá-se com a combinação do tipo penal da parte especial do Código Penal, que descreve o resultado não tolerado socialmente, com uma das alíneas do § 2º do art. 13 do mesmo código, em que estão relacionados todos aqueles que, por sua especial condição, podem ser sujeitos ativos dessa espécie de crime.

A adequação típica dos delitos omissivos impróprios no Código Penal brasileiro contém os elementos necessários para acolher a teoria da imputação objetiva: a posição de garante, a produção de um resultado e a possibilidade de evitá-lo.

Levando em consideração a realidade de que todo injusto penal possui sempre uma referência danosa, ainda que se trate de infrações de perigo, uma vez que essas infrações pressupõem lesão ou perigo de lesão a um bem jurídico, é possível, a partir daí, estender-se aos delitos omissivos toda a teoria do risco, base da imputação objetiva.

Na análise da existência do risco nos delitos omissivos próprios deve ser levado em conta o fato de se exigir em um Estado Democrático de Direito o respeito a princípios, como o da ofensividade ou lesividade, centrado na ideia de que o Direito penal só pode interferir em situações nas quais se verifiquem lesões insuportáveis às condições de sobrevivência da sociedade. Não bastando, portanto, o simples descumprimento de uma norma para decorrer lógica e obrigatoriamente a imputação.

Quanto à aplicação da teoria do risco aos delitos de omissão imprópria, não deverá ocorrer a imputação de um crime da espécie quando quem está obrigado a vigiar um foco de perigo preexistente toma as medidas de cautela para preservar o referido foco dentro do risco permitido, mesmo que ulteriormente causante de um resultado típico. Da mesma forma, não se dará a imputação, caso a sede de perigo já tenha ultrapassado as fronteiras do juridicamente tolerado, o garante opere para trazê-la novamente a uma situação conforme o Direito.

Um outro critério de exclusão da imputação, também aplicável às omissões próprias, é o da autocolocação da vítima em risco, que tem origem na jurisprudência alemã e visa, quando presente no fato, à exclusão da imputação do mesmo ao seu autor ou evitar um peso maior na valoração da sua culpabilidade, em razão da participação ou intervenção da vítima na infração.

Nos delitos omissivos impróprios, ainda que alguém tenha deveres especiais de proteção com relação à pessoa que se autocoloca em perigo, esses deveres, em alguns casos, interrompem-se ou terminam quando a vítima, com capacidade de decidir, ultrapassa as fronteiras da possibilidade de agir do garante.

O critério do âmbito de proteção da norma, também utilizado para a verificação da possibilidade de exclusão da imputação de um resultado ou de uma conduta típica ao agente, e que tem por base o princípio de que toda norma possui um fim de proteção limitador do risco permitido, é perfeitamente aplicável aos delitos omissivos, tal como estão estabelecidos no Código Penal brasileiro, sejam eles culposos ou dolosos.

Como última instância na busca da superação do problema da imputação penal, o critério do alcance do tipo, que leva em consideração o aspecto formal da conduta típica, para avaliar se determinada norma alcança ou não certo comportamento, pode contribuir para a solução de diversos casos de ocorrências penais omissivas.

O acolhimento da imputação objetiva pelo Direito penal brasileiro, especialmente no trato e solução de delitos omissivos, sejam eles próprios ou impróprios, depende apenas de uma mudança de postura da dogmática jurídico-penal do país, não exigindo nenhuma normatização.

REFERÊNCIAS

ALBERDI, Francisco Orts. *Delitos de comisión por omisión*. Buenos Aires: Ghersi, 1978.

BACIGALUPO, Enrique. *Delito y punibilidad*. Buenos Aires: Hammurabi, 1999.

BARRETO, Tobias de Meneses. Dos delictos por omissão. In: *Estudos de Direito*. Rio de Janeiro: Laemmert, 1982.

BELLING, Ernest von. *Esquema de derecho penal*. Trad. Sebastián Soler. Buenos Aires: Depalma, 1944.

BIERRENBACH, Sheila. *Crimes omissivos impróprios:* uma análise à luz do código penal brasileiro. Belo Horizonte: Del Rey, 2002.

BITENCOURT, Cezar Roberto. *Tratado de direito penal* [parte geral]. Vol. 1. São Paulo: Saraiva, 2003.

_____, Cezar Roberto. *Tratado de direito penal* [parte especial]. Vol. 3. São Paulo: Saraiva, 2003.

BONAVIDES, Paulo. *Do estado liberal ao estado social*. São Paulo: Malheiros, 2004.

BOTTINI, Pierpaolo. *Funcionalismo e imputação objetiva em direito penal*. São Paulo: Faculdade de Direito, 2002. 145 p. Tese (Mestrado em Direito) – Faculdade de Direito, Universidade de São Paulo, 2002.

BRASIL. Constituição (1988). São Paulo: Saraiva, 2005.

BRASIL. Código penal. São Paulo: Saraiva, 2005.

BRITO, Teresa Quintela de. *A tentativa nos crimes comissivos por omissão:* um problema de delimitação da conduta típica. Coimbra: Coimbra, 2000.

BRUNO, Aníbal. *Direito penal.* Tomos 1 e 2. 3ª ed. Rio de Janeiro: Forense, 1967.

CAMARGO, Antônio Luís Chaves. *Culpabilidade e reprovação penal.* São Paulo: Sugestões Literárias, 1994.

_____. *Sistema de penas, dogmática jurídico-penal e política criminal.* São Paulo: Cultural Paulista, 2002.

_____. *Imputação objetiva e direito penal brasileiro.* São Paulo: Cultural Paulista, 2001.

_____. Contradições da modernidade e direito penal. In: *Revista Brasileira de Ciências Criminais.* São Paulo: Revista dos Tribunais, Vol. 16, 1996.

CANCIO MELIÁ, Manuel; FERRANTE, Marcelo; SANCINETTI, Marcelo A. *Estúdios sobre la teoria de la imputación objetiva.* Buenos Aires: Ad-Hoc, 1998.

CARNELUTTI, Francesco. *Teoria generale del reato.* Roma, 1940.

CEREZO MIR, José. Ontologismo e Normativismo na Teoria Finalista. In: *Ciências Penais:* Revista da Associação Brasileira de Professores de Ciências Penais. São Paulo: Revista dos Tribunais. V. 0, p. 7-23, 2004.

CONDE, Francisco Muñoz. *Introdución al derecho penal.* Buenos Aires: IB de f, 2001.

_____. *Teoria geral do delito.* Trad. e notas de Juarez Tavares, *et allii.* Porto Alegre: Sergio Antonio Fabris Editor, 1988.

COSTA JÚNIOR, Paulo José. *Nexo causal.* 2ª ed. São Paulo: Malheiros, 2004.

COSTA, Álvaro Mayrink da. *Direito penal* [parte geral]. Vol. I, Tomo I. 4ª ed. Rio de Janeiro: Forense, 1992.

DE LA CUESTA AGUADO, Paz Mercedes. *Tipicidad e imputacion objetiva*. Buenos Aires: Ediciones Jurídicas Cuyo, 1998.

DESTEFENNI, Marcos. *O injusto penal*. Porto Alegre: Sergio Antonio Fabris Editor, 2004.

DIAS, Horacio Leonardo. *Evolución del concepto de ilícito penal*. Buenos Aires: FD, 1999.

DIAS, Jorge de Figueiredo. *Temas básicos da doutrina penal*. Coimbra: Coimbra, 2001.

DONNA, Edgardo A. *La imputación objetiva*. Buenos Aires: Editorial de Belgrano, 1997.

DOTTI, René Ariel. *Reforma penal brasileira*. Rio de Janeiro: Forense, 1988.

ENCARNAÇÃO, João Bosco da. *Filosofia do direito em habermas:* a hermenêutica. 3ª ed. Lorena: Stiliano, 1999.

FERNANDES, Paulo Silva. *Globalização, sociedade de risco e o futuro do direito penal*. Lisboa: Almedina, 2001.

FERNÁNDEZ, Gonzalo D. *Bien jurídico y sistema del delito*. Buenos Aires: IB de f, 2004.

FERRAJOLI, Luigi. *Derecho y razón:* teoria del garantismo penal. Madri: Trotta, 2001.

FERRARI, Eduardo Reale. *Medidas de segurança e direito penal no estado democrático de direito*. São Paulo: Revista dos Tribunais, 2001.

FIERRO, Guillermo Julio. *Causalidad e imputación*. Buenos Aires: Astra, 2002.

FISSORE, Gustavo. *La omisión en el derecho penal*. Rosario, Argentina: Novatesis, 2004.

FONTÁN BALESTRA, Carlos. *Tratado de derecho penal*. Tomo IV. Buenos Aires: Abeledo-Perrot, 1969.

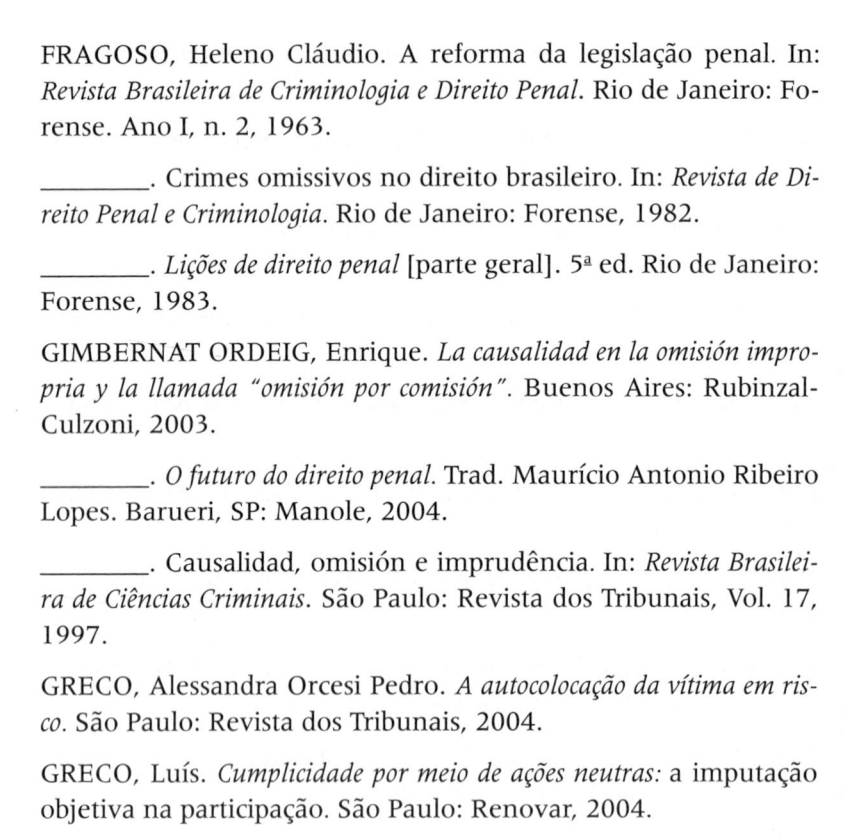

FRAGOSO, Heleno Cláudio. A reforma da legislação penal. In: *Revista Brasileira de Criminologia e Direito Penal*. Rio de Janeiro: Forense. Ano I, n. 2, 1963.

_____. Crimes omissivos no direito brasileiro. In: *Revista de Direito Penal e Criminologia*. Rio de Janeiro: Forense, 1982.

_____. *Lições de direito penal* [parte geral]. 5ª ed. Rio de Janeiro: Forense, 1983.

GIMBERNAT ORDEIG, Enrique. *La causalidad en la omisión impropria y la llamada "omisión por comisión"*. Buenos Aires: Rubinzal-Culzoni, 2003.

_____. *O futuro do direito penal*. Trad. Maurício Antonio Ribeiro Lopes. Barueri, SP: Manole, 2004.

_____. Causalidad, omisión e imprudência. In: *Revista Brasileira de Ciências Criminais*. São Paulo: Revista dos Tribunais, Vol. 17, 1997.

GRECO, Alessandra Orcesi Pedro. *A autocolocação da vítima em risco*. São Paulo: Revista dos Tribunais, 2004.

GRECO, Luís. *Cumplicidade por meio de ações neutras:* a imputação objetiva na participação. São Paulo: Renovar, 2004.

_____. *Introdução à dogmática funcionalista do delito*. Rio de Janeiro. Disponível em: <http://www.derechopenalonline.com/br/dogmaticafuncionalista>. Acesso em: 17 ago. 2004.

HEGEL, Georg Wilhelm Friedrich. *Princípios da filosofia do direito*. Trad. Orlando Vitorino. São Paulo: Martins Fontes, 1997.

HIRSCH, Hans Joachim. *Derecho penal:* obras completas. Tomo I. Buenos Aires: Rubinzal-Culzoni, 1998.

HUERTA TOCILDO, Susana. *Problemas fundamentales de los delitos de omisión*. Madrid, Ministério de Justicia: Centro de Publicaciones, 1987.

HUNGRIA, Nelson. *Comentários ao código penal*. Vol. I, Tomos I e II. 5ª ed. Rio de Janeiro: Forense, 1977-1978.

IÑIGUEZ, Maria Gabriela Lopez. *Teoria de la imputación objetiva en el derecho penal actual*. Buenos Aires: FD, 1999.

JAÉN VALLEJO, Manuel. *El concepto de acción en la dogmática penal*. Madri: Colex, 1994.

JAKOBS, Günther, STRUENSEE, Eberhard. *Problemas capitales del derecho penal moderno*. Buenos Aires: Hammurabi, 1998.

_____. *Qué protege el derecho penal*: bienes jurídicos o la vigencia de la norma? Trad. Manuel Cancio Meliá. Buenos Aires: Ediciones Jurídicas Cuyo, 2002.

_____. *A imputação penal da ação e da omissão*. Trad. Maurício Antonio Ribeiro Lopes. Barueri, SP: Manole, 2003.

_____. *Ação e omissão no direito penal*. Trad. Maurício Antonio Ribeiro Lopes. Barueri, SP: Manole, 2003.

_____. *Autoria mediata e sobre o estado da omissão*. Trad. Maurício Antonio Ribeiro Lopes. Barueri, SP: Manole, 2003.

_____. *La imputacion objetiva en derecho penal*. Trad. Manuel Cancio Meliá. Buenos Aires: Ad-Hoc, 2002.

JESCHECK, Hans-Heinrick. *Tratado de derecho penal* [parte geral]. Trad. José Luiz Samaniago. Granada: Comares, 1993.

LISZT, Franz von. *Tratado de derecho penal*. Trad. L. Jiménez de Asúa. Madrid: Rens, 1929.

LOPEZ, Juan Manuel Lacruz. *Comportamento omisivo y derecho penal*. Madrid: Dykinson, 2004.

LUHMANN, Niklas. *Sociología do direito II*. Trad. Gustavo Bayer. Rio de Janeiro: Tempo Brasileiro,1985.

LUNA, Everardo da Cunha. *Estrutura jurídica do crime*. São Paulo: Saraiva, 1993.

MARINUCCI, Giorgio. *El delito como acción:* crítica de um dogma. Trad. José Eduardo Sáinz-Cantero Caparrós. Madrid: Marcial Pons, 1998.

MARQUES, José Frederico. *Tratado de direito penal*. Vol. II, 1ª ed. Campinas: Bookseller, 1997.

MELIÁ, Manuel Cancio; FERRANTE, Marcelo; SANCINETTI, Marcelo A. *Estúdios sobre la teoria de la imputación objetiva*. Buenos Aires: Ad-Hoc, 1998.

MELIÁ, Manuel Cancio. *Dogmática y política criminal en una teoria funcional del delito*. Buenos Aires: Rubinzal-Culzoni, 2000.

MESQUITA JÚNIOR, Sídio Rosa de. *Imputação objetiva:* discutindo com o Prof. Dr. Chaves Camargo. Jus Vigilantibus, Vitória, 11 de fev. 2004. Disponível em: <http:www.jusvi.com/site/p-detalhe-artigo.asp?codigo=1528>. Acesso em: 17 set. 2004.

MIR PUIG, Santiago. *Derecho penal* [parte geral]. Buenos Aires: IB de f, 2004.

_____. *Introducción a las bases del derecho penal*. Buenos Aires: IB de f, 2003.

MUNHOZ NETO, Alcides. Os crimes omissivos no Brasil. In: *Revista de Direito Penal e Criminologia*. Rio de Janeiro: Forense. V. 33, p. 22-31, 1982.

NAMER, Sabrina E. *Estafa e imputación objetiva*. Buenos Aires: Ad-Hoc, 2002.

NORONHA, Edgard Magalhães. *Direito penal* [parte geral]. Vol. I, 11ª ed. São Paulo: Saraiva, 1974.

PARMA, Carlos. *El pensamiento de Günther Jakobs:* el derecho penal del siglo XXI. Mendoza, Argentina: Ediciones Jurídicas Cuyo, 2003.

PIERANGELLI, José Henrique (coord.). *Códigos penais do Brasil*: evolução histórica. Bauru, SP: Jalovi, 1980.

PIMENTEL, Manoel Pedro. *Crimes de mera conduta*. São Paulo: Revista dos Tribunais, 1975.

PRADO, Luiz Regis; MENDES DE CARVALHO, Érika. *Teorias da imputação objetiva do resultado:* uma aproximação crítica a seus fundamentos. São Paulo: Revista dos Tribunais, 2002.

PRADO, Luiz Regis. *Bem jurídico-penal e constituição.* São Paulo: Revista dos Tribunais, 2003.

RAMOS, Enrique Peñaranda; GONZÁLEZ, Carlos Suárez; MELIÁ, Manuel Cancio. *El nuevo sistema del derecho penal. Consideraciones sobre la teoria de la imputación de Günther Jakobs.* Buenos Aires: Ad-Hoc, 1999.

REALE JÚNIOR, Miguel. *Teoria do Delito.* 2ª ed. São Paulo: Revista dos Tribunais, 2000.

ROCHA, Fernando A. N. Galvão. Imputação objetiva nos delitos omissos. In: *Revista Brasileira de Ciências Criminais.* São Paulo: Revista dos Tribunais, Vol. 33, p. 101-120, 2001.

RODRIGUES, Eduardo Silveira Melo. A relevância causal da omissão. In: *Revista Brasileira de Ciências Criminais.* São Paulo: Revista dos Tribunais, Vol. 14, p. 149-165,1996.

RODRIGUES, Marta Felino. *A teoria penal da omissão e a revisão crítica de Jakobs.* Coimbra: Almedina, 2000.

ROXIN, Claus. *Derecho penal* [parte geral]. Tomo I. Trad. Diego-Manuel Lujón Penã *et allii.* Madri: Civitas, 2001.

_____. *Funcionalismo e imputação objetiva no direito penal.* Trad. Luis Greco. Rio de Janeiro: Renovar, 2002.

_____. *Política criminal y sistema del derecho penal.* Trad. Francisco Muñoz Conde. Buenos Aires: Hammurabi, 2000.

_____. *Problemas fundamentais de direito penal.* Trad. Ana Paula dos Santos L. Natscheradetz. Lisboa: Vega, 1998.

RUSCONI, Maximiliano Adolfo. *Cuestiones de imputación y responsabilidad en el derecho penal moderno.* Buenos Aires: Ad-Hoc, 1997.

_____. *La justificación en el derecho penal:* Algunos problemas actuales. Buenos Aires: Ad-Hoc, 1996.

SÁNCHEZ, Bernardo Feijóo. *Teoria da imputação objetiva:* estudo crítico e valorativo sobre os fundamentos dogmáticos e sobre a evolução da teoria da imputação objetiva. Trad. Nereu José Giacomolli. Barueri, SP: Manole, 2003.

SANCINETTI, Marcelo A. "Observaciones sobre la teoría de la imputación objetiva". In: *Teorias actuales en el derecho penal:* 75º aniversário del Código Penal. Buenos Aires: Ad-Hoc, p. 181-196, 1998.

_____. *Subjetivismo e imputación objetiva en derecho penal.* Buenos Aires: Ad-Hoc, 1997.

SANTOS, Juares Cirino dos. *A moderna teoria do fato punível.* Rio de Janeiro: Freitas Bastos, 2002.

SÃO PAULO. Tribunal de Alçada Criminal. Apelação n. 121.6933-0. Batatais, ano 2001, 15ª Câmara, Relator Juiz Carlos Biasotti. In: *Revista dos Tribunais.* São Paulo, Vol. 786, p. 663.

SÃO PAULO. Tribunal de Alçada Criminal. Apelação n. 22.318. Santos, ano 1970, 3ª Câmara, Relator Juiz Carlos Ortiz. In: *Revista dos Tribunais.* São Paulo, Vol. 421, p. 263-265.

SARLET, Ingo Wolfgang. *A eficácia dos direitos fundamentais.* Porto Alegre: Livraria do Advogado, 2003.

SCHÜNEMANN, Bernd. Consideraciones sobre la imputación objetiva. Trad. Mariana Sacher de Köster. In: *Teorias actuales en el derecho penal:* 75º aniversario del Código Penal. Buenos Aires: Ad-Hoc, p. 219-248, 1998.

SILVA SÁNCHEZ, Jesús-Maria. *Consideraciones sobre la teoría del delito.* Buenos Aires: Ad-Hoc, 1998.

_____. *El delito de omisión:* concepto y sistema. Buenos Aires: IB de f, 2003.

_____. *Normas y acciones en derecho penal.* Buenos Aires: Hammurabi, 2003.

_____. *Perspectivas sobre la política criminal moderna.* Buenos Aires: Ábaco de Rodolfo Depalma, 1998.

SILVA SÁNCHEZ, Jesús-Maria. La consideración del comportamiento de la victima en la teoría jurídica del delito. In: *Revista Brasileira de Ciências Criminais*. São Paulo: Revista dos Tribunais, Vol. 34, p. 161-194, 2001.

SILVA, Marco Antonio Marques da. *Acesso à justiça penal e estado democrático de direito*. São Paulo: Juarez de Oliveira, 2001.

SILVEIRA, Renato de Mello Jorge. *Direito penal supra-individual: interesses difusos*. São Paulo: Revista dos Tribunais, 2003.

SIQUEIRA, Galdino. *Tratado de Direito Penal* [parte geral]. Tomo 1. Rio de Janeiro: Konfino, 1947.

SOUZA, Carmo Antônio de. *Fundamentos dos crimes omissivos impróprios*. São Paulo: Faculdade de Direito, 1999. 190 p. Dissertação (Mestrado em Direito) – Faculdade de Direito, Pontifícia Universidade Católica de São Paulo, 1999.

TAVARES, Juarez. Alguns aspectos da estrutura dos crimes omissivos. In: *Revista Brasileira de Ciências Criminais*. São Paulo: Revista dos Tribunais, Vol. 15, 1996.

TAVARES, Juarez. *Teoria do injusto penal*. 3ª ed. rev. e ampl. Belo Horizonte: Del Rey, 2003.

VELOSO, José Antônio. *Apontamentos sobre omissão-direito penal I*. Lisboa: Associação Acadêmica da Faculdade de Direito de Lisboa, 1993. (apostila)

VILLANUEVA, Raúl Plascencia. *Teoria del delito*. México: Universidad Nacional Autônoma del México, 1998.

WELZEL, Hans. *Direito penal*. Trad. Afonso Celso Rezende. Campinas: Romana, 2003.

_____. *El nuevo sistema del derecho penal*. Trad. José Cerezo Mir. Buenos Aires: IB de f, 2001.

ZAFFARONI, Eugênio Raúl; PIERANGELI, José Henrique. *Manual de direito penal brasileiro* [parte geral]. 5ª ed. rev. e atual. São Paulo: Revista dos Tribunais, 2004.

EPARMA
Impressão e acabamento
Editora Parma LTDA
Tel.:(011) 2462-4000
Av.Antonio Bardella, n°280,Guarulhos,São Paulo-Brasil